Celia Brooks Brown

Vegetarisch kochen für Gäste

Die 76 besten Rezepte

Fotos von Jan Baldwin

CHRISTIAN

Inhalt

Vorwort

Es gibt viele Gründe, weniger oder gar kein Fleisch zu essen. Mir hat Fleisch einfach nie besonders gut geschmeckt. 1989 zog ich mit 19 Jahren aus den USA nach Großbritannien und aß damals noch ab und zu Geflügel, andere Fleischsorten hatte ich bisher sowieso kaum angerührt. Ich war kein Gourmet, lebte von Tütensuppen, Salaten und Fastfood. Meine kulinarischen Fertigkeiten beschränkten sich aufs Wasserkochen und das Öffnen von Tüten. Kurz nach meiner Ankunft gab es in Großbritannien einen Lebensmittelskandal, der mir auch die Lust auf Geflügel nahm – ich gab den Fleischkonsum ganz auf.

Mein erwachendes Interesse am Kochen war kein Zufall, denn ich wusste, dass ich nicht nur von Bohnen aus der Dose und fettem Käse leben konnte. Ich bekam eine andere Einstellung zum Essen, sah es nicht länger nur als notwendige Nahrungsaufnahme an, und auch meine Geschmacksnerven schienen feiner zu werden. Unbedingt wollte ich nun kochen lernen, diesen kreativen Prozess richtig erkunden, verschiedenste Zutaten, Küchenutensilien und all meine fünf Sinne verwenden, um etwas wirklich Delikates zuzubereiten. Ganz besonders befriedigte es mich, andere Menschen mit meinen Speisen zu erfreuen.

Alles, was mit Essen zu tun hat, ist für mich zu einer gesunden Leidenschaft geworden, und die beschränkt sich nicht nur auf die Zubereitung. Ich genieße es, auf Bauernmärkten und in Spezialgeschäften beste frische Produkte einzukaufen. Außerdem sitze ich über Stapeln von Kochbüchern und fülle meinen Kopf mit Rezepten, Folklore sowie kulinarischer und Alltagsgeschichte.

Aus meiner Leidenschaft für die vegetarische Küche entwickelte sich ein Beruf – Unterrichten, Bücher schreiben und Catering. Ich bin gewiss keine Vegetarierin »mit einer Botschaft«. Ich möchte den Menschen vielmehr zeigen, wie viel Spaß das Kochen macht – und Fleisch gehört einfach nicht zu meinem Repertoire. Man muss eine »sinnliche Beziehung« zu den Speisen haben, die man kocht, sonst schmecken sie nicht. Selbst wenn ich ein Stück Fleisch nach den besten Regeln der Kunst zubereitete, würde es vermutlich schrecklich schmecken.

Für mich ist die vegetarische Küche sehr viel komplexer, als schnell etwas auf den Grill zu werfen. Wer keine Erfahrung mit vegetarischen Gerichten hat, sollte einfach einmal versuchen, über die klassische Konvention von »Fleisch und zwei Gemüsebeilagen« hinauszudenken. Bei einem ausgewogenen Gericht mit verschiedenen Texturen, Farben und Aromen wird niemand das Fleisch vermissen.

Wenn ich schließlich jemandem erzähle, dass ich Vegetarierin bin, folgt oft die Frage: »Essen Sie denn Fisch?« Vegetarier, die Fisch essen, sind also korrekterweise gar keine Vegetarier, doch seit wann muss es beim kulinarischen Genuss korrekt zugehen? Ich halte es keineswegs für einen »Verrat«, ein wenig Fisch zu essen. Jeder Mensch sollte für sich selbst entscheiden, warum er etwas Bestimmtes zu sich nimmt. (Das gilt auch für Fleischesser.) Diese neuen »Pescetarier« sind gar nicht selten. Darum habe ich für sie einige Rezepte zusammengestellt und empfehle dabei ausdrücklich ökologisch unbedenkliche Fangmethoden und den Verzehr unbedrohter Arten. Dieses Buch ist für alle geschrieben, die gern essen, ob Vegetarier oder nicht. Ich hoffe, Sie genießen jede Seite.

Celia Brooks Brown

Zu diesem Buch

Heutzutage wählt man ein Essen oft nach dem Anlass aus – etwa der Einladung zu einem zwanglosen Brunch oder einer Cocktailparty am Abend. Entsprechend habe ich die Rezepte zusammengestellt. Am Anfang jedes Kapitels finden Sie Ratschläge zur Organisation, in der Mitte Serviervorschläge und Hinweise für die Vorbereitung, zum Anrichten und für die Getränke. Mit den Rezepten können Sie ein Menü zusammenstellen, das allen schmeckt, nicht nur Vegetariern.

Planen – die goldenen Regeln für eine Einladung

Regel 1 **Ein besonderes Menü ist Voraussetzung für den Erfolg:**

Planen Sie ein Menü, das sich in der verfügbaren Zeit problemlos zubereiten lässt.
Beschränken Sie sich auf Saisonprodukte.
Farben, Geschmack und Textur sollten stets ausgewogen sein.
Legen Sie das Budget fest: Man kann großzügig sein, ohne ein Vermögen auszugeben.
Variieren Sie die klassische Menüfolge. Bereiten Sie mehrere kleine Gänge zu oder Kanapees, gefolgt von einem sensationellen Hauptgang.
Bedenken Sie das Wetter und seine Auswirkungen: Wunderbar ist etwa eine kalte Suppe an einem heißen Tag.
Stellen Sie eine Knabberei zu alkoholischen Getränken bereit, etwa eine Schale mit Nüssen oder Oliven.

Regel 2 **Machen Sie sich die Vorbereitung so einfach wie möglich:**

Sie können Teller, Besteck, ja sogar Tische und Stühle mieten. Gegen einen geringen Betrag können Sie das Geschirr auch schmutzig zurückgeben.
Wählen Sie einen geeigneten Raum. Während einer Party wandern die Gäste gern einmal in die Küche, doch sollte die eigentliche Party nicht dort stattfinden, wo gearbeitet wird.
Räumen Sie den Kühlschrank leer, denn man braucht viel Platz zum Kaltstellen. Für ein großes Fest sollten Sie einen zusätzlichen Kühlschrank mieten.
Erledigen Sie die Einkäufe am Vortag, ehe Sie mit dem Kochen beginnen.
Lassen Sie sich helfen! Für jeweils 10 Gäste brauchen Sie einen freundlichen Helfer.

Sind viele Kinder unter den Gästen, sollten Sie ein spezielles Essen für sie bereitstellen, aber überarbeiten Sie sich nicht. Wählen Sie Speisen, die Kinder mögen: Pommes, Pizza und einzeln verpackte Süßigkeiten, aber auch etwas vom Essen der Erwachsenen.
Kalkulieren Sie genügend Platz für das Essen der Kinder im Ofen und Kühlschrank ein.

Regel 3

Denken Sie auch an wichtige Details:

Stellen Sie einen großen Mülleimer in die Küche und kaufen Sie reichlich Müllbeutel.
Immer mehr Menschen haben heutzutage Lebensmittelallergien, und darüber sollten Sie rechtzeitig informiert werden. Teilen Ihre Gäste Ihnen dies erst bei der Ankunft mit, brauchen Sie kein schlechtes Gewissen zu haben. Lassen Sie sie einfach die Küche nach Essbarem durchstöbern.
Denken Sie unbedingt an Papierservietten – kleine Servietten für Kanapees, große für alles Übrige, und zwar mindestens zwei pro Person.
Bei kalter Witterung benötigen Sie Platz für die Mäntel der Gäste.

Die Getränke

Wenn Sie selbst kochen, sollten Sie eine andere Person bestimmen, die sich um die Getränke kümmert. Man rechnet ungefähr je eine halbe Flasche Rot- und Weißwein pro Person. Gibt es den ganzen Abend Sekt, rechnen Sie pro Person knapp eine Flasche. Wenn Sie ungeöffnete Flaschen an den Weinhändler zurückgeben können, kaufen Sie ruhig mehr. Die Weinflaschen vor der Ankunft der Gäste öffnen. Heben Sie die Weinkisten für leere Flaschen auf und recyceln Sie Flaschen und Kisten. Viele Getränkemärkte vermieten kostenlos Gläser, wenn Sie sie sauber zurückbringen. Einige werden jedoch zu Bruch gehen. Für ein großes Fest benötigen Sie die doppelte Anzahl Weingläser wie Gäste. Denken Sie auch an Saftgläser für Softdrinks und Cocktails.

Für jeweils 10 Gäste müssen Sie etwa 11 Kilo zerkleinertes Stangeneis rechnen. Beauftragen Sie die entsprechende Firma, das Eis zu liefern, und stellen Sie die Getränke mindestens 2 Stunden vorher kalt. In mit Eis gekühltem Wasser kann man Getränke schneller kühlen als im Kühlschrank. Überladen Sie Ihren Kühlschrank nicht mit Getränken. Füllen Sie Waschbecken oder Badewanne mit Wasser und Eis. Stellen Sie reichlich Mineralwasser mit und ohne Kohlensäure bereit. Reichen Sie nicht zu viele Getränke. Es genügen Wein und Bier oder ein Cocktail. Auch bei den Softdrinks reichen ein oder zwei Sorten. Servieren Sie Saft und/oder einen Krug mit Fruchtsaftkonzentrat, den man mit Mineralwasser verdünnen kann.

Einkauf & Lagerung

Kaufen Sie nur beste Produkte, möglichst aus der Region. Entdecken Sie beim Einkauf ein Sonderangebot, überlegen Sie, ob Sie das Menü umstellen wollen, aber die Produkte müssen wirklich frisch und gut sein. Bio-Produkte sind in der Regel besser, aber auch leichter verderblich. Prüfen Sie die Ware genau und verwenden Sie sie so bald wie möglich. Gewaschenes Wurzelgemüse verdirbt schneller. Kaufen Sie stets Eier aus Freilandhaltung und lagern Sie sie im Kühlschrank. Türkische und griechische Gemüseläden haben meist wunderbare Ware, und die landestypischen Produkte können eine echte Inspiration sein. Salat und frische Kräuter sollte man möglichst erst am Vortag kaufen. Grünen Salat mit Wasser besprühen und im Kühlschrank lagern, aber nicht zu nahe an den Wänden, um Kälteschäden zu vermeiden. Frische Kräuter waschen und in ein Glas mit Wasser stellen. Basilikum oder Tomaten nie kalt stellen, Beeren jedoch im Kühlschrank aufbewahren. Früchte und Gemüse stets aus der Plastikverpackung nehmen.

Gesundes Essen

Gesunde Speisen sorgen dafür, dass man sich gut fühlt – sie liefern Energie, Kraft und Vitalität. Eine gesunde Ernährung besteht aus wenig Fett, vielen komplexen Kohlenhydraten (etwa in Vollkornprodukten), Ballaststoffen, Protein und viel frischem Obst und Gemüse. Für ein gutes Lebensgefühl erscheint mir aber auch eine gelegentliche Leckerei sehr wichtig, und bei einer Party darf man einmal »sündigen«.

Vegetarische Kost ist eine ideale Ernährung

Die vegetarische Kost fördert erwiesenermaßen die Gesundheit. Allerdings müssen Vegetarier im Fleisch enthaltene Nährstoffe ersetzen, vor allem Proteine, Eisen, B-Vitamine und Selen. Bei einer ausgewogenen vegetarischen Ernährung sind all diese Nährstoffe in hohem Maße gegeben. Sie besteht aus vielseitigen Nahrungsmitteln wie Getreideprodukten, Hülsenfrüchten, Obst, Gemüse, Nüssen oder Samen und ein wenig Fett. Käse sollte nicht der einzige Proteinlieferant sein, da tierische Fette reichlich gesättigte Fettsäuren enthalten. Fettarme Milchprodukte wie Joghurt liefern jedoch viel wichtiges Kalzium. Auch Eier sind nährstoffreich, sollten aber in Maßen verzehrt werden.

Einkaufstipps für den Vorratsschrank

Es folgt eine Liste mit nützlichen Zutaten, die man im Vorratsschrank lagern kann, um stets ohne großen Aufwand und mit Zuversicht ein raffiniertes Essen zubereiten zu können.

Wichtige Vorräte	**Nudeln/Pasta** – Eier-, Reisnudeln, Soba, Glasnudeln; Linguine, Orzos, Spaghetti **Reis und Getreide** – Basmati-, Rundkorn-, Vollkorn- und Langkornreis; Couscous, Weizenbulgur, Quinoa **Hülsenfrüchte und Konserven** – Linsen, getrocknete Bohnen und Bohnen aus der Dose (verschiedene Sorten); Artischockenherzen, gegrillte Paprikaschoten, Palmherzen, gegrillte grüne Chilischoten, Wasserkastanien
Tiefkühlvorräte	Gehackter Spinat und Blattspinat, Erbsen, Beeren, Teig, Eiscreme, Limettenblätter (der Kaffirlimette) und Zitronengras, Chilischoten, Brot (etwa türkisches Fladenbrot), Tortillas, Wodka, Eiswürfel
Salzig	**Sojasauce** – dunkel (fermentiert), hell (nicht fermentiert) **Thailändische Fischsauce** – (*nam pla* = aus gesalzenen, fermentierten Fischen und Salz) **Worcestersauce** – traditionelle oder vegetarische **Gemüsebrühe** – beste Brühwürfel oder Instant-Brühe
Scharf / würzig	**Chili** – frisch (tiefgekühlt lange haltbar, im Kühlschrank, bis sie schrumpeln), getrocknet (auch geräuchert), Cayennepfeffer, mildes Chilipulver; Chilisaucen: Thai-Sauce, süße Chilisauce, Tabasco; eingelegte Chilis (etwa Jalapeños, ganz oder in Scheiben); geräuchertes spanisches Paprikapulver **Ganze Gewürze** – schwarze Senfkörner, rosa Pfefferkörner, Fenchelsamen, Kreuzkümmel, Koriandersamen, Kardamomkapseln, Bockshornkleesamen, Safranfäden, Muskatnüsse, Zimtstangen, Vanilleschoten
Pikant	**Öle & Essigsorten** – natives Olivenöl extra, Sesam-, Trüffel- und Walnussöl; Balsam- und Reisessig **Alkohol zum Kochen** – Madeira, Sherry, Wermut (Ersatz für Weißwein), Mirin (japanischer Reiswein zum Kochen), Portwein, Weinbrand oder Cognac, Rum **Frische Kräuter** – glatte Petersilie, Basilikum, Minze, Salbei, Lorbeer, Koriandergrün
Süß	Honig, heller Sirup, Melasse, Malzextrakt; Rosenwasser, Orangenblütenwasser; Zitronencreme *(lemon curd)* Ungesüßtes Kakaopulver, Bitterschokolade (70% Kakaoanteil), weiße Schokolade
Raffiniert	Verschiedene Olivensorten, Kapern in Essigsud oder Salz, Kapernfrüchte, sonnengetrocknete oder halb getrocknete Tomaten in Öl (Letztere im Kühlschrank aufbewahren), Artischockenherzen in Öl, eingelegte Zwiebeln, eingelegte Baby-Rote-Bete, Cornichons und saure Gurken, getrocknete Steinpilze, getrocknete Shiitake; gefüllte Weinblätter (Dose), Hummus (Dose) **Nüsse und Samen** – (stets geschält/enthäutet) Sesamsamen, Mohnsamen, Kürbiskerne, Hanfsamen, Pinienkerne, Erdnüsse, Erdnussbutter, Mandeln (ganz, Blättchen, Stifte, gemahlen), vakuumverpackte Edelkastanien, Haselnüsse, Walnüsse, Pekannüsse, Pistazien, Cashewnüsse **Trockenobst** – Sultaninen, Rosinen, Aprikosen, Backpflaumen, Cranberries, Feigen, Kokosraspel

1

Kanapees & Cocktailhäppchen

Fingerfood – ideal zu Drinks

Gurken-Sandwich mit Kräuter-Mascarpone
Minikartoffeln mit würziger Kruste und Tamarinden-Dip
Filoteigröllchen mit Cranberry-Mandel-Füllung
Auberginen-Feta-Spießchen mit Minze
Teriyaki-Mandeln
Avocado-Tomaten-Crostini
Artischocken-Torteletts
Auberginen-Oliven-Bällchen

Der Begriff Kanapee ist vom französischen Wort für »Sofa« abgeleitet – ein schmackhaftes Häppchen, das auf einem essbaren »Bett« ruht, ehe es auf einmal in den Mund gesteckt wird. Heute versteht man darunter unterschiedlichste Partyhäppchen, die den Gaumen verwöhnen und als kleine Grundlage für alkoholische Getränke dienen.

Beliebte Begleiter für Getränke sind heiße, knusprig gebratene Mundbissen, die man jedoch sofort nach dem Frittieren servieren muss. Das bedeutet, dass Koch oder Köchin lange in der Küche stehen und den Frittierdunst den ganzen Abend nicht mehr loswerden. Wer sich trotzdem dafür entscheidet, sollte bei den Tiefkühlprodukten eines Asia-Ladens nach leckeren vegetarischen Frühlingsrollen, Dim Sums und Won-Tans Ausschau halten (Etiketten genau lesen, da manchmal doch Fleisch enthalten ist). In heißem Öl werden sie goldgelb frittiert und dann mit Chilisauce gereicht.

Wer Gastgeberin und Köchin in einer Person ist, sollte am besten etwas im Ofen zubereiten, damit man sich auch noch um andere Dinge kümmern kann. Beim Eintreffen der Gäste leistet ein Küchenwecker in Hörweite gute Dienste, denn schnell vergisst man den Ofen und wird erst durch den Geruch von verbranntem Essen daran erinnert.

Zu empfehlen ist ein ausgewogenes Angebot heißer und kalter Kanapees, die man im Voraus zubereiten kann. Hier sind meine Vorschläge für die richtigen Mengen:

Kanapees mittags als Vorspeise: 2–3 verschiedene Kanapees, 1–2 pro Person
Kanapees als Appetithappen: 3 verschiedene Kanapees, 1–2 pro Person
Partyhäppchen für den frühen Abend: 6–8 verschiedene Kanapees, 1–2 pro Person
Kanapees statt eines Abendessens: 8 verschiedene Kanapees, 2–3 pro Person
Sind die Kanapees größer, sollte man die geringere Menge vorsehen.

Gurken-Sandwich mit Kräuter-Mascarpone

Hier werden die typisch englischen Gurken-Sandwiches einmal auf moderne Weise zubereitet und in einer »Schüssel« aus Brot serviert. Die Zubereitung kann bis zu 4 Stunden im Voraus erfolgen.

Zutaten

Ergibt 36 Stück

1 großes, rundes Bauernbrot
250 g Mascarpone
4 gehäufte TL fein gehackte frische Kräuter, etwa Dill, Petersilie, Estragon und Schnittlauch
Abgeriebene Schale von 1 unbehandelten Zitrone
Salz und frisch gemahlener schwarzer Pfeffer
2–3 Spritzer Tabasco
8 Scheiben Vollkorntoast
1/2 Salatgurke, in sehr dünne Scheiben geschnitten

Zubereitung

♦ Für die »Brotschüssel« die Mitte des Brotlaibes so aushöhlen, dass ein breiter Rand stehen bleibt. Das Brot bis zur Verwendung mit Klarsichtfolie abdecken.

♦ Mascarpone, Kräuter, Zitronenschale, Salz, Pfeffer und Tabasco verrühren. 2 Toastscheiben mit etwas Kräuter-Mascarpone bestreichen. Eine der beiden Scheiben mit Gurkenscheiben belegen, die andere mit der bestrichenen Seite darauf legen. Die Rinde rundum abschneiden und das Gurken-Sandwich in 9 kleine Quadrate schneiden. Mit den übrigen Zutaten ebenso verfahren.

♦ Die »Brotschüssel« mit den Sandwichwürfeln füllen, mit Klarsichtfolie bedecken und bis zum Servieren – locker mit Klarsichtfolie abgedeckt – in den Kühlschrank stellen. (Die Menge reicht wahrscheinlich, um die »Brotschüssel« ein zweites Mal zu füllen.)

Minikartoffeln mit würziger Kruste und Tamarinden-Dip

Diese winzigen Kartoffeln mit der knusprigen Kruste sind eine wahre Gaumenfreude, und der Tamarinden-Dip bildet einen pikanten Kontrast. Ideal sind kirschgroße Kartoffeln, die man auf einmal in den Mund stecken kann.

Zutaten

Für 20 Personen als Teil eines Kanapee-Menüs, für 8–10 Personen als Fingerfood

1 kg neue Minikartoffeln, gründlich gebürstet
1 EL Koriandersamen
1 EL Kreuzkümmel
1/2 TL gemahlene Kurkuma
1/2 TL Cayennepfeffer
1 TL Selleriesalz oder Meersalz
3 EL Olivenöl
1 EL Weißweinessig

Für den Tamarinden-Dip:

100 ml Crème fraîche oder saure Sahne
100 ml Joghurt
2 EL fertige Tamarindenpaste, falls nötig, mit etwas Wasser zu einer tropffähigen Konsistenz verdünnt

Zubereitung

♦ Den Backofen auf 220 °C (Umluft 200 °C) vorheizen. Die Kartoffeln mit kräftig gesalzenem Wasser bedecken, 5 Minuten kochen, abgießen und abkühlen lassen. Mit einem sauberen Küchentuch trockentupfen.
♦ Koriander und Kreuzkümmel im Mörser zerstoßen und mit den übrigen Gewürzen vermischen. Öl, Essig und Gewürze in einer Schüssel verrühren. Die Kartoffeln auf einem großen Backblech verteilen, mit der Ölmischung beträufeln und schwenken, bis sie gleichmäßig damit überzogen sind. Im Ofen in 15–20 Minuten weich braten. Mit der Küchenzange vom Backblech nehmen und beiseite stellen. Auf dem Blech verbliebene Kräuter aufbewahren.
♦ Für den Tamarinden-Dip Crème fraîche oder saure Sahne und Joghurt verrühren und die Kräuter vom Blech untermischen. In eine Schüssel füllen und die Tamarindenpaste darüber träufeln. Zu den warmen oder kalten Kartoffeln servieren. Nach Belieben Cocktailspießchen dazu reichen.

Tipp!

Bei Verwendung von Tamarindenmark einen gepressten Block von 5 x 5 cm Größe in heißem Wasser einweichen, dann durch ein Sieb drücken.

Filoteigröllchen mit Cranberry-Mandel-Füllung

Säuerlich süße Cranberries (Verwandte der heimischen Preiselbeere), Mandeln, Kapern und Gewürze verleihen diesen knusprigen »Zigarren« einen raffinierten Geschmack. Ihre Gäste werden begeistert überlegen, womit diese pikant variierte Spezialität aus dem Mittleren Osten wohl gefüllt ist.

Zutaten

Ergibt etwa 15 Stück

50 g getrocknete Cranberries
50 g gemahlene Mandeln
1 EL Kapern in Essigsud, abgegossen
1 EL frischer Oregano oder Majoran, die Blättchen abgezupft
1/2 TL Kreuzkümmel
5 kleine Blätter Filoteig (etwa 16 x 30 cm)
2 EL Butter, zerlassen

Zubereitung

♦ Den Backofen auf 220 °C (Umluft 200 °C) vorheizen. Die Cranberries in einer Schale mit kochend heißem Wasser bedecken. 15–20 Minuten stehen lassen, bis sie weich und prall sind, abgießen und gut abtropfen lassen. Cranberries, Mandeln, Kapern, Oregano oder Majoran und Kreuzkümmel in der Küchenmaschine pürieren. Alternativ alles sehr fein hacken und gut vermischen.

♦ Ein Backblech leicht einfetten und mit Backpapier auslegen. 1 Blatt Filoteig mit der schmalen Seite nach vorn auf eine saubere, glatte Arbeitsfläche legen und mit zerlassener Butter bestreichen. Die restlichen Blätter mit einem feuchten Tuch bedecken. Auf die vordere Breite des Teigblatts, etwa 2 cm vom Rand entfernt, einen langen, dünnen Streifen Füllung geben. Die freie Teigkante darüber legen, dann das gesamte Teigblatt aufrollen, sodass eine fest geformte »Zigarre« entsteht.

♦ Mit einem Messer oder der Küchenschere die Enden gerade schneiden und die Rolle in etwa 5 cm lange Stücke schneiden. Auf das Backblech setzen und großzügig mit Butter bestreichen. Mit den übrigen Zutaten ebenso verfahren.

♦ Die Teigröllchen im Ofen 10–15 Minuten backen, bis sie rundum eine gleichmäßig goldgelbe Farbe angenommen haben. Warm oder kalt servieren.

Vorbereiten

Die gefüllten, noch nicht geschnittenen Teigrollen 24 Stunden im Voraus zubereiten. Zugedeckt, ohne dass sie sich berühren, im Kühlschrank aufbewahren.

Tipp!

Veganer können Olivenöl statt Butter verwenden. Beim Servieren können die Röllchen auf einem Teller leicht herumrutschen, darum sollte man sie auf einer Bambusmatte oder in einer Schüssel reichen.

Auberginen-Feta-Spießchen mit Minze

Über Holzkohlenglut gegrillte Auberginen sehen sehr verführerisch aus, aber man kann sie natürlich auch im Backofen grillen. Vorbereitet werden die Spießchen bis zu 4 Stunden vorher.

Zutaten

Ergibt 20 Stück

1 lange, schlanke Aubergine, längs in 10 sehr dünne Scheiben geschnitten
Olivenöl
100 g Feta (Schafkäse), in etwa 20 Würfel mit 1 cm Kantenlänge geschnitten
20 große, frische Minzeblätter
Frisch gemahlener schwarzer Pfeffer
Granatapfelsirup (siehe Seite 71) oder Balsamessig zum Beträufeln

Zubereitung

◆ Eine Grillpfanne mit Rillen 5 Minuten stark erhitzen. Die Auberginenscheiben mit Olivenöl bestreichen und von beiden Seiten grillen, bis sie durchscheinen und dunkle Streifen haben. Abkühlen lassen und jeweils in 2 lange Streifen schneiden. Je ein Minzeblatt auf einen Auberginenstreifen legen, einen Fetawürfel darauf setzen und fest einwickeln. Mit einem Cocktailspießchen fixieren und auf eine große Servierplatte setzen. Nach Geschmack mit schwarzem Pfeffer würzen und mit etwas Granatapfelsirup oder ein paar Spritzern Balsamessig beträufeln.

Auf einer Cocktailparty herrscht immer eine besonders angeregte Stimmung. Man steht beisammen, unterhält sich, und meist werden die Gläser schnell geleert. Darum muss man neben den Getränken auch Speisen reichen, und dies über den ganzen Abend verteilt. Ist man selbst in der Küche beschäftigt, können Freunde oder Familienmitglieder die kulinarischen Kreationen herumreichen und auf Wunsch die Zutaten nennen.

Allzu viel Garnituren beim Anrichten auf Tellern, Platten oder Tabletts sind nicht nötig, denn die kleinen, appetitlichen und vor allem mundgerechten Häppchen sollten für sich selbst wirken. Für gebrauchte Cocktailspießchen, Olivensteine und Ähnliches stellt man kleine Schälchen bereit. Nichts sollte zu heiß serviert werden.

Einkauf In Asia-Läden findet man meist die richtige »Ausrüstung« für eine Cocktailparty – ob Cocktailspießchen, witzige Servietten, Kerzen, Geschirr oder auch Nüsse und andere Knabbereien.

Anrichten Zum Servieren von Kanapees eignen sich Teller, Schalen, kleine Lacktabletts und Dampfeinsätze aus Bambus. Nie sollte man zu viele Kanapees auf einmal servieren. Denn wer möchte schon das letzte übrig gebliebene Häppchen?

Getränke Ein guter Start für eine Party ist ein Cocktail, den man den Gästen bei der Ankunft reicht. Meine Empfehlung:
Champagner-Cocktail: Einen Zuckerwürfel ins Glas legen, einige Spritzer Angostura und etwas Weinbrand hinzufügen, mit Champagner (oder Sekt) auffüllen.
Wodka-Martini: Etwas Wermut im Glas schwenken und ins nächste gießen. Das leere Glas mit eisgekühltem gutem Wodka auffüllen und eine oder auch mehrere Oliven hineingeben.

Serviervorschlag

Teriyaki-Mandeln Seite 22

Avocado-Tomaten-Crostini Seite 23

Minikartoffeln mit würziger Kruste und Tamarinden-Dip Seite 17

Auberginen-Feta-Spießchen mit Minze Seite 19

Rote-Bete-Suppe mit Kokoscreme Seite 54

Teriyaki-Mandeln **vegan**

Geröstete glasierte Mandeln sind eine unwiderstehliche Knabberei und der ideale Bar-Snack: salzig, süß und knusprig. Man braucht sich aber nicht auf Mandeln zu beschränken, denn Pekan-, Cashew- und Paranüsse schmecken ebenso gut. Allerdings brauchen sie unterschiedlich lange Zeiten im Ofen.

Zutaten

300 g ganze Mandeln, blanchiert und enthäutet
3 EL Olivenöl
2 EL dunkle Sojasauce
2 EL Mirin (süßer japanischer Reiswein zum Kochen) oder süßer Sherry
1/4 TL Cayennepfeffer
1 EL Sesamsamen
1 EL extrafeiner Zucker

Zubereitung

♦ Den Backofen auf 200 °C (Umluft 180 °C) vorheizen. Die Mandeln auf einem Backblech verteilen und im vorgeheizten Ofen in 5 Minuten hellgolden rösten. Anschließend die Ofentemperatur auf 150 °C (Umluft 130 °C) reduzieren.

♦ Die übrigen Zutaten in einer Schale verrühren. Die gerösteten Mandeln untermischen, bis sie gleichmäßig überzogen sind. Erneut auf dem Backblech verteilen und für weitere 20–25 Minuten in den Ofen schieben, dabei alle 5 Minuten durchmischen. Die Flüssigkeit kocht im Ofen ein, die Mandeln bekommen eine dicke, dunkle, klebrige Glasurschicht.

♦ Die Mandeln auf dem Backblech abkühlen lassen. Mit einem Metallspatel zusammen mit der Glasur vom Blech kratzen, größere Brocken durchbrechen. In einer Schale anrichten, dazu Servietten reichen.

Avocado-Tomaten-Crostini **vegan**

Am besten eignen sich die neuen, nur halb getrockneten Tomaten, denn sie sind schön weich, saftig und leuchtend rot. Das pikante Avocadopüree sollte höchstens 4 Stunden vor dem Servieren zubereitet werden.

Zutaten

Ergibt 20 Stück

Olivenöl zu Bestreichen
20 Scheiben (1 cm dick) von dünnem Baguette oder Ciabatta
1 große oder 2 kleine, vollreife Avocados, geschält und entsteint
Frisch gepresster Saft von 1 Limette
1 Knoblauchzehe, zerdrückt
1 TL gemahlener Kreuzkümmel
1/2 TL scharfes Chilipulver (oder nach Geschmack)
Salz
Frisch gemahlener schwarzer Pfeffer
20 halb getrocknete Tomaten in Öl, abgegossen (ersatzweise sonnengetrocknete Tomaten)
Frischer Schnittlauch, in 2 cm lange Röllchen geschnitten

Zubereitung

♦ Den Backofen auf 180 °C (Umluft 160 °C) vorheizen. Ein Backblech mit Olivenöl bestreichen, die Brotscheiben darauf verteilen und leicht mit Olivenöl beträufeln. Im vorgeheizten Ofen in etwa 10 Minuten hellgolden und knusprig rösten. Abkühlen lassen und bis zur Verwendung in einem luftdicht verschlossenen Behälter aufbewahren.

♦ Die Avocado(s) für das Püree in einer Schüssel fein zerstampfen, den Limettensaft, Knoblauch, Kreuzkümmel, Chilipulver, Salz und Pfeffer untermischen. Mit Klarsichtfolie abdecken und bis zur Verwendung in den Kühlschrank stellen.

♦ Auf jeder gerösteten Brotscheibe einen kleinen Löffel Avocadopüree nicht allzu glatt verstreichen, da es so hübscher aussieht. Ein Tomatenstück darauf setzen und mit einem Schnittlauchröllchen garnieren.

Artischocken-Torteletts (oben), Auberginen-Oliven-Bällchen (unten)

Artischocken-Torteletts

Von diesen herrlich knusprigen, warmen Brot-Torteletts mit Artischocken und Käse kann man einfach nicht genug bekommen. Und da die Zubereitung so einfach ist, sollte man ruhig eine größere Menge machen. Besonders leicht gelingen sie mit ganz normalem Weißbrot.

Zutaten

Ergibt 24 Stück

12 mitteldicke Scheiben Weißbrot
Weiche Butter zum Bestreichen
400 g Artischockenherzen aus dem Glas, abgegossen und gehackt
50 g frisch geriebener Parmesan
2 frische, fleischige, milde grüne Chilischoten, von Stielansatz, Samen und Scheidewänden befreit und fein gehackt
3 gehäufte EL Mayonnaise
1 Prise Salz
Frisch gemahlener schwarzer Pfeffer

Zubereitung

♦ Den Backofen auf 220 °C (Umluft 200 °C) vorheizen. Mit einem umgedrehten Glas oder einer runden Ausstechform (Durchmesser 6 cm) aus den Brotscheiben je 2 Kreise ausstechen. Diese von einer Seite großzügig mit Butter bestreichen. Mit der bestrichenen Seite nach unten in eine beschichtete Muffinform setzen und mit den Fingern in die Aushöhlungen drücken.

♦ Die übrigen Zutaten vermischen. Je 1 Esslöffel in die Brotböden füllen und glatt streichen. Im vorgeheizten Ofen 12–15 Minuten backen, bis die Torteletts goldbraun und knusprig sind. Kurz abkühlen lassen, aus der Form nehmen und warm servieren.

Auberginen-Oliven-Bällchen

Sie sehen fast wie kleine Fleischbällchen aus, sind jedoch viel lockerer und leichter. Am besten serviert man sie heiß, ganz frisch aus dem Ofen, denn so kommt ihr pikantes Aroma hervorragend zur Geltung. Ihre Gäste werden begeistert sein. Die Auberginenmasse kann man bis zu 1 Tag im Voraus zubereiten.

Zutaten

Ergibt 24 Stück

1 große Aubergine (etwa 500 g)
2 EL Olivenöl
50 g Pinienkerne
20 Kalamata-Oliven (große schwarze Oliven aus Griechenland), entsteint und gehackt
4 EL Semmelbrösel
6 EL frisch geriebener Parmesan, zusätzlich 2 EL zum Bestreuen
2 EL frisch gehackte Petersilie
1 große Knoblauchzehe, zerdrückt
1 Ei aus Freilandhaltung, verquirlt
Butter zum Einfetten

Zum Garnieren (nach Belieben):

Frische glatte Petersilie
Gehobelter Parmesan

Zubereitung

♦ Den Backofen auf 230 °C (Umluft 210 °C) vorheizen. Die Aubergine längs halbieren und mit Olivenöl bestreichen. Im vorgeheizten Ofen etwa 30 Minuten backen, bis sie goldbraun und weich ist. Abkühlen lassen. Die Haut abziehen und wegwerfen, das Fleisch fein hacken. Die Ofentemperatur auf 200 °C (Umluft 180 °C) reduzieren.

♦ Das Auberginenfleisch mit den Pinienkernen, Oliven, Semmelbröseln, dem Parmesan, der Petersilie, dem Knoblauch und dem Ei in einer Schüssel vermischen und 10–15 Minuten ruhen lassen.

♦ Ein großes Backblech gut einfetten. Aus der Mischung etwa walnussgroße Bällchen formen, auf das Backblech setzen und mit etwas geriebenem Parmesan bestreuen.

♦ Im Ofen 15–20 Minuten backen, bis die Bällchen goldbraun und schön locker aufgegangen sind. Sofort auf einer Platte anrichten, nach Belieben mit Petersilie und Parmesan garnieren und heiß servieren.

2

Für den Massenansturm

Große Schüsseln und Platten, als Fingerfood und Gabelbissen

Wer für eine große Gästeschar kocht, hat meist etwas zu feiern – eine Hochzeit, einen runden Geburtstag, eine Ehrung. Eine besondere Gelegenheit verlangt aber auch ein besonderes Essen, und ist man selbst der Koch oder die Köchin, kann das zu einer großen Herausforderung werden. Doch wer alles gut plant und organisiert, wird mit dem Ergebnis sicher zufrieden sein.

Ein beeindruckendes, aber einfaches Buffet ist bei einer großen Feier meist die beste Wahl. Man sollte aber nicht mehr als vier oder fünf Speisen auswählen, die die Gäste im Stehen mit der Gabel essen können. Wichtig ist die optische Wirkung verschiedener Texturen und Farben, aber natürlich auch unterschiedliche Geschmacksrichtungen. Bevor das Buffet eröffnet wird, stehen für die Gäste schon ein paar Knabbereien bereit. Keine Zubereitung sollte zu kompliziert sein. Ein oder zwei große Desserts sollten genügen. Wichtig ist außerdem eine gute Auswahl an Käse und verschiedenen Brotsorten.

Erstaunlicherweise dauert die Vorbereitung eines Buffets für 100 Gäste beinahe genauso lange wie für 1000. Gute Speisen müssen frisch sein, also kann man meist erst drei Tage vor dem großen Ereignis mit dem Kochen beginnen. Das Zauberwort heißt hier: delegieren! Es dürfen ruhig ein paar freundliche Helfer eingespannt werden. Auch spart man Kräfte, wenn man sich die Lebensmittel liefern lässt. Ein Freund oder eine Konditorei kann die Zubereitung eines Desserts übernehmen, und *petits fours* oder ähnliche süße Spezialitäten kann man kaufen.

Schließlich sollte man ausgeruht ans Werk gehen. Eine Liste mit allen Aufgaben, die man eine nach der anderen abhakt, ist sehr hilfreich. Mit genügend Pausen und frischer Luft kann dann nichts mehr schief gehen. Trinken Sie viel Wasser und vergessen Sie nicht zu essen, so bleiben sie fit während des Vorbereitungs-Marathons.

Tortellinispieße mit Kräuteröl

Wer für viele Gäste kocht, verlässt sich gern einmal auf fertig vorbereitete Zutaten, wie etwa bei diesen Spießen. Die Arbeitszeit, die man für selbst gemachte Tortellini benötigt, kann man sicher an anderer Stelle brauchen. In gut sortierten Supermärkten bekommt man hervorragende frische Pasta, und noch besser sind, wenn auch teurer, frische Tortellini aus dem italienischen Feinkostgeschäft. Die Spieße eignen sich ideal für ein Fingerfood-Buffet, sie sehen verführerisch aus, sind gehaltvoll und leicht zu essen.

Zutaten

Ergibt 24 Stück

48 Tortellini mit Käsefüllung
300 g Büffel-Mozzarella, in grobe Stücke zerpflückt
24 beste entsteinte Oliven
12 sonnengetrocknete Tomaten in Öl, jede in 2 Streifen geschnitten

Für das Kräuteröl:

Etwa 20 frische Basilikumblätter
Etwa 20 frische glatte Petersilienblätter
80 ml natives Olivenöl extra

Zubereitung

♦ Mit einem sauberen Tuch 24 Bambusspieße abreiben, um kleine Holzsplitter zu entfernen. Die Tortellini in reichlich kochendem gesalzenem Wasser bissfest garen. Abgießen, unter fließendem kaltem Wasser abspülen und auf einem sauberen Küchentuch zum Trocknen ausbreiten.

♦ Ein Stück Mozzarella und eine Olive mit einem Tomatenstreifen umwickeln. Erst einen Tortellino, dann das Mozzarella-Oliven-Päckchen auf einen Bambusspieß stecken und mit einem weiteren Tortellino abschließen. (Man kann die Zutaten natürlich auch in anderer Reihenfolge auf den Spieß stecken, der Geschmack bleibt der gleiche.) Die fertigen Spieße neben- und behutsam übereinander in eine Schale legen, mit Klarsichtfolie abdecken und im Kühlschrank kalt stellen. Vor dem Servieren rechtzeitig herausnehmen und Raumtemperatur annehmen lassen.

♦ Für das Kräuteröl die Kräuter mit dem Öl im Mixer gründlich verrühren. Die Spieße auf einer Servierplatte anrichten und kurz vor dem Servieren mit dem Kräuteröl beträufeln..

Vorbereiten

Die Spieße lassen sich bis zu 4 Stunden im Voraus herstellen.

Tipp!

Mehr Tortellini kaufen als benötigt werden, da einige beim Garen auseinander fallen können. Sie müssen unbedingt noch Biss haben und dürfen nicht zu lange gegart werden. Wer keine Büffel-Mozzarella bekommt, kann auch solche aus Kuhmilch verwenden, am besten Fontina oder Havarti.

Servieren

Die Spieße passen am besten zu einem mediterranen Buffet.

Rohkostplatte »de luxe« mit Sesam-Dip

Dieser Sesam-Dip ist der einzige Dip, den ich je zubereite. Stets werde ich nach dem Rezept gefragt, und dann sind alle überrascht, dass etwas so Einfaches so wunderbar schmecken kann. Auch jemand, der kein rohes Gemüse mag, wird begeistert sein. Am besten schmeckt der Dip frisch zubereitet, da die Sesamsamen schnell weich werden.

Zutaten

Für 8–10 Personen

Für den Sesam-Dip:

50 g Sesamsamen
125 g griechischer oder ein anderer dicker, cremiger Joghurt
125 g Mayonnaise
3 EL dunkle Sojasauce

Für die Rohkostplatte (4–5 Gemüsesorten reichen aus):

Neue Minikartoffeln, gekocht
Grüne Spargelspitzen, blanchiert
Chicoréeblätter
Radieschen, ein kurzes Stück der Blattstängel belassen
Rohe Zuckerschoten
Einige Stangen Bleichsellerie aus der Mitte der Staude, mit ein paar Blättern daran
Babymöhren, geputzt
Mundgerechte Brokkoliröschen
Mundgerechte Blumenkohlröschen
1 kleine Fenchelknolle, in Scheiben geschnitten

Zubereitung

♦ Für den Dip eine Pfanne ohne Fett bei mittlerer Temperatur erhitzen. Die Sesamsamen einstreuen und unter Rühren rösten, bis sie zu springen beginnen und leicht gebräunt sind. In einer Schale vollständig auskühlen lassen.

♦ Sesamsamen, Joghurt, Mayonnaise und Sojasauce gut vermischen und in eine kleine Schüssel füllen. Eine Auswahl an Gemüserohkost auf einer Platte anrichten und mit dem Sesam-Dip servieren.

Scharfes Fenchelsalz **vegan** – Das Fenchelsalz ist eine gute Ergänzung zu dem cremigen Dip und passt besonders ideal zu Cocktailtomaten und knackigen Gurken.

Zutaten

1 EL grobes Meersalz; 8 schwarze Pfefferkörner; 1 TL Fenchelsamen; 1 TL Koriandersamen; 1 kleine getrocknete Chilischote oder 1/2 TL Chilipulver

Zubereitung

♦ Sämtliche Zutaten in einer Gewürzmühle oder im Mörser zu einem groben Pulver verarbeiten. In ein kleines Schälchen füllen und servieren.

Gegrillte Gemüse-Antipasti mit mariniertem Mozzarella

Diese reichhaltige Platte mit saftigem Gemüse und mariniertem frischem Mozzarella ist absolut verführerisch. Man kann gar nicht zu viel davon zubereiten, es wird bestimmt alles gegessen. Wichtig ist eine gusseiserne Grillpfanne mit Rillen, am besten eine große, die über zwei Herdplatten reicht. Beim Grillen wird es in der Küche leider ziemlich rauchig (Fenster öffnen), aber genau dieser Rauch verleiht dem Gemüse den besonderen Geschmack. Jeglisches Gemüse eignet sich für diese Zubereitung, Wurzelgemüse muss jedoch zuvor blanchiert werden.

Zutaten

Für 8–10 Personen

400 g grüne Bohnen, geputzt
4 große oder 8 kleine Chicoréesprosse, längs halbiert
4 Fenchelknollen, geputzt und in dicke Scheiben geschnitten
2 Brokkoliköpfe, in lange Stücke geschnitten, Stiele geschält
Natives Olivenöl extra
Salz und frisch gemahlener schwarzer Pfeffer
Frisch gepresster Saft von 1–2 Zitronen
500 g Büffel-Mozzarella, in dicke Stücke zerpflückt
2 Knoblauchzehen
1 TL grobes Meersalz
1 Hand voll frisch gehackte glatte Petersilie
4 EL Olivenöl
1 Bund frisches Basilikum, die Blätter zerpflückt

Zubereitung

♦ Eine gusseiserne Grillpfanne mit Rillen 10 Minuten stark erhitzen. In der Zwischenzeit das Gemüse vorbereiten. Jede Gemüsesorte separat in eine Schüssel legen und leicht mit Olivenöl beträufeln, mit den Händen wenden, bis es gleichmäßig mit dem Öl überzogen ist. Nacheinander in der Pfanne weich grillen und dabei Farbe und das Grillmuster annehmen lassen

♦ Die fertigen Gemüsesorten wieder in die Schüsseln füllen und mit Salz und Pfeffer würzen. Bohnen, Chicorée und Fenchel noch heiß mit Zitronensaft beträufeln, jedoch nicht den Brokkoli, da er sich verfärben könnte. Das Gemüse abkühlen lassen und in Plastikdosen bis zur Verwendung in den Kühlschrank stellen.

♦ Die zerpflückte Mozzarella in eine große Schüssel legen. Für die Marinade den Knoblauch mit dem Salz im Mörser zerreiben, die Petersilie grob darunter arbeiten. Olivenöl und Basilikum unterschlagen. Die Marinade vorsichtig unter die Mozzarella rühren. Für mindestens 1 Stunde im Kühlschrank kalt stellen. Das gegrillte Gemüse mit der Mozzarella auf einer Platte anrichten und sofort servieren.

Vorbereiten

Diese Antipasti-Platte kann man bis zu 1 Tag im Voraus zubereiten. Dafür das Gemüse in separaten Plastikdosen kalt stellen.

Tipp!

Büffel-Mozzarella ist eine echte Delikatesse und passt ideal zum gegrillten Gemüse. Bekommt man sie nicht, eignet sich auch Mozzarella aus Kuhmilch. Frischer Mozzarella verdirbt jedoch schnell. Er muss kalt stehen, bis man ihn mit der Marinade vermischt.

Servieren

Dazu passen Blattsalate und reichlich Bauernbrot.

Ein festliches Buffet ist auch heute noch die beste Wahl für ein zwangloses Essen in größerer Gesellschaft. Es lässt sich außerdem gut planen und zubereiten. Ein schön hergerichtetes Buffet sorgt bei den Gästen stets für anerkennende Begeisterung. Am besten richtet man es von links nach rechts an. Man beginnt mit einem Stapel Teller und in Servietten gewickelten Bestecksets. Die einzelnen Platten dürfen nicht zu dicht stehen, damit die Speisen Platz zum Atmen haben. Die voraussichtlich beliebteste Speise sollte am Ende des Buffets stehen – so häufen die Gäste sich nicht zu viel davon auf, bevor sie die anderen Gerichte begutachtet haben. Wichtig sind genügend nicht zu große Vorlegelöffel. Für einen Blattsalat braucht man kein separates Dressing – einfach etwas Balsamessig und Olivenöl darüber träufeln und alles mit etwas Salz und Pfeffer vermischen.

Einkauf Nach Möglichkeit sollte man sich die Lebensmittel liefern lassen, auf alle Fälle jedoch den Einkauf am Tag vor der Feier erledigen. Wer mehrere Tage lang kocht, sollte alle benötigten Zutaten auf einmal besorgen. Man muss auch bedenken, welche Waren schnell verderben, wichtig sind wirklich frische Kräuter und Gemüse. Zur Aufbewahrung sind Dosen ideal – bei vielen Tüten verliert man leicht die Übersicht.

Anrichten Falls das Budget es erlaubt, kann man Geschirr auch mieten und für eine kleine Gebühr ungespült zurückgeben.

Getränke Bietet man den Gästen Weißwein und Sekt an, kann der Sekt durchaus zuerst ausgehen. Darum empfiehlt es sich, erst den Sekt zu servieren und dann zum Wein überzugehen. Ausreichend Sektflöten und Weißweingläser bereitstellen.

Serviervorschlag

Gebratener Spargel mit marmorierten Eiern Seite 44

Brokkoli-Orzo-Salat mit Zitronen-Dressing Seite 37

Gegrillte Gemüse-Antipasti mit marinierter Mozzarella Seite 32

Süßer Bohnensalat mit Wasserkastanien Seite 38

Gemischter Blattsalat

Brot & Käse

Brokkoli-Orzo-Salat und Zitronen-Dressing vegan

Orzo ist eine reisförmige Pastasorte, die hier für einen erfrischenden Nudelsalat verwendet wird. Der leichte Salat eignet sich als eigenständige Mahlzeit oder schmackhafte Beilage, geradezu ideal für ein Buffet.

Zutaten

Für 8–10 Personen

Salz
Abgeriebene Schale von 4 unbehandelten Zitronen
200 ml frisch gepresster Zitronensaft (von etwa 4 Zitronen)
4 Schalotten, in dünne Scheiben geschnitten
Frisch gemahlener schwarzer Pfeffer
1 TL extrafeiner Zucker
100 ml Olivenöl
1 großer Brokkolikopf (etwa 500 g), in kleine Röschen zerteilt, Stiele gehackt
100 g Zuckerschoten, Enden abgeschnitten
500 g Orzo (Reisnudeln)
50 g Kürbiskerne
100 g Zuckerschoten, roh in Scheiben geschnitten
1 1/2 Hand voll frische glatte Petersilienblätter
20 halb getrocknete Tomaten in Öl oder 10 sonnengetrocknete Tomaten in Öl, abgegossen und in Streifen geschnitten

Zubereitung

♦ Den Backofen auf 200 °C (Umluft 180 °C) vorheizen. Wasser in einen großen Topf füllen, zum Kochen bringen und salzen.

♦ Zitronenschale und -saft in eine Schüssel geben, Schalotten, Salz und Pfeffer sowie den Zucker hinzufügen. Vermischen, bis sich der Zucker gelöst hat, und das Olivenöl unterschlagen. Beiseite stellen. (Im Dressing werden die Schalotten schön mild und weich.)

♦ Brokkoli und die ganzen Zuckerschoten in dem kochenden Wasser 2 Minuten blanchieren. Mit einem Schaumlöffel oder Sieb herausnehmen und in eine Schüssel mit eisgekühltem Wasser legen. Ist das Gemüse abgekühlt, abgießen.

♦ Die Orzo-Nudeln in das kochende Wasser einstreuen und unter häufigem Rühren in 6–8 Minuten bissfest garen. Abgießen und unter fließendem kaltem Wasser abkühlen. Gut abtropfen lassen und in eine große Schüssel füllen. Das Zitronen-Dressing untermischen. Bis zur Verwendung beiseite stellen.

♦ Die Kürbiskerne auf einem Backblech verteilen und im vorgeheizten Ofen in 5 Minuten goldgelb rösten. Abkühlen lassen.

♦ Die rohen Zuckerschoten, Petersilie und die Tomaten gründlich unter die Nudeln mischen. Erst kurz vor dem Servieren den Brokkoli, die blanchierten Zuckerschoten und die gerösteten Kürbiskerne untermischen.

Vorbereiten

Diesen Salat kann man bis zu 24 Stunden im Voraus zubereiten, nur Brokkoli, Zuckerschoten und Kürbiskerne werden erst kurz vor dem Servieren hinzugegeben.

Süßer Bohnensalat mit Wasserkastanien vegan

Die Zusammenstellung eines großen Buffets wird durch diesen köstlichen Bohnensalat um einiges einfacher. Man kann ihn lange im Voraus zubereiten, denn er schmeckt mit jedem Tag besser. Wie ein gutes Chutney entfaltet er erst nach einiger Zeit sein volles Aroma – dank des Zusammenwirkens von reichlich Zucker und Essig. Eine echte Überraschung sind die Wasserkastanien – und ein knackiger Kontrast zu den süßen, cremigen Bohnen.

Zutaten

Für 10–12 Personen

500 g gemischte getrocknete Bohnenkerne
200 g grüne Bohnen, in mundgerechte Stücke geschnitten
2 Dosen (je 250 g) Wasserkastanien, abgegossen
1 grüne Paprikaschote, von Stielansatz, Samen und Scheidewänden befreit, in mundgerechten Stücken
1 rote Zwiebel, in sehr dünne Scheiben geschnitten

Für die Marinade:

125 ml Balsamessig
85 g extrafeiner Zucker
3 Knoblauchzehen, zerdrückt
2 TL Salz
Frisch gemahlener schwarzer Pfeffer
125 ml Olivenöl

Zubereitung

♦ Die Bohnenkerne in reichlich kaltem Wasser über Nacht einweichen. Abgießen und in frischem Wasser 10 Minuten sprudelnd kochen. Die Hitze reduzieren und die Bohnen 50 Minuten köcheln lassen, bis sie weich, aber noch nicht zerfallen sind. Alle Bohnensorten kosten, um zu prüfen, ob sie weich genug sind. Abgießen, gut abtropfen lassen.

♦ In einem kleinen Topf Wasser zum Kochen bringen. Die grünen Bohnen darin 2 Minuten blanchieren. Abgießen und unter fließendem kaltem Wasser, besser in einer Schüssel mit eisgekühltem Wasser abschrecken.

♦ In der Zwischenzeit sämtliche Zutaten für die Marinade mit Ausnahme des Olivenöls verquirlen. Nach und nach das Olivenöl unterschlagen, sodass eine Emulsion entsteht.

♦ Die abgetropften Bohnenkerne in eine große, flache Schüssel füllen und die Marinade darüber gießen, solange die Bohnen noch heiß sind. Abkühlen lassen. Die grünen Bohnen, Wasserkastanien, Paprika und Zwiebel gut untermischen. Mit Klarsichtfolie abdecken und für mindestens 24 Stunden (lieber länger) in den Kühlschrank stellen. Ab und zu durchrühren. Im Kühlschrank hält sich der Salat mehrere Tage.

Vorbereiten

Diesen Salat sollte man mindestens 36 Stunden im Voraus zubereiten. Er hält sich bis zu 4 Tage.

Tipp!

Die angegebenen Mengen kann man problemlos vervielfachen. Für ein Buffet für 150 Personen mit mehreren kalten Salaten habe ich die achtfache Menge zubereitet. Am besten kauft man bereits gemischte getrocknete Bohnen. Die Marinade kann man im Mixer herstellen, das Öl sollte man jedoch von Hand unterschlagen, da die Marinade sonst trüb wird.

Sieben-Gemüse-Tagine

Sieben ist eine Glückszahl, und diese Tagine (Schmortopf) ein echter Glückstreffer. Die Gemüse werden mit ganzen Gewürzen gebraten, bis sie schön süß und weich sind, und dann unter eine reichhaltige Sauce gerührt. Ist über Nacht alles gut durchgezogen, braucht man es am nächsten Tag nur noch aufzuwärmen und zu genießen.

Zutaten

Für 8–10 Personen

300 g Süßkartoffeln, geschält und grob gewürfelt
300 g Möhren, geschält und grob gewürfelt
300 g Pastinake oder Knollensellerie, geschält und grob gewürfelt
Je 1 rote und gelbe Paprikaschote, von Stielansatz und Samen befreit, in Stücken geschnitten
1 große Fenchelknolle, in größeren Stücken
1 große rote Zwiebel, in größeren Stücken
2 mittelgroße Zucchini, in größeren Stücken
3 EL Olivenöl
1 EL Kreuzkümmel
1 EL Fenchelsamen
Salz und frisch gemahlener schwarzer Pfeffer

Für die Sauce:

4 Knoblauchzehen, gehackt
3 EL Olivenöl
1 Dose (400 g) gehackte Tomaten
1 Dose (400 g) Kichererbsen, abgegossen
250 ml körperreicher Rotwein
Abgeriebene Schale und Saft von 1 Orange
2 Zimtstangen
12 entsteinte Backpflaumen, größere Exemplare halbiert

Zum Servieren:

Petersilien-Safran-Couscous (siehe unten)
Harissa (scharfe Würzpaste; nach Belieben)
Dicker Joghurt (für Veganer weglassen)

Zubereitung

♦ Den Backofen auf 220 °C (Umluft 200 °C) vorheizen. Die verschiedenen Gemüsesorten in einen Bräter legen, mit dem Olivenöl beträufeln und die Gewürze darüber streuen. Im vorgeheizten Ofen etwa 30 Minuten braten, bis das Gemüse weich und karamellisiert ist. Ab und zu durchrühren.

♦ In der Zwischenzeit für die Sauce den Knoblauch im heißen Olivenöl braten. Die übrigen Zutaten hinzufügen und alles köcheln lassen, bis die Sauce eindickt. Vom Herd nehmen und mit dem Gemüse vermischen. Ist die Sauce zu dick, nach Bedarf etwas heißes Wasser einrühren. Zugedeckt über Nacht an einem kalten Ort stehen lassen. Vor dem Anrichten siedend heiß werden lassen. Mit frisch gekochtem Couscous, Harissa und Joghurt servieren.

Petersilien-Safran-Couscous **vegan** — Passt gut zu Tagine, schmeckt aber auch ohne Beigaben.

Zutaten

Für 8–10 Personen

75 g große Sultaninen; 500 g Couscous; 2 TL Safranfäden; 1 TL Salz, zusätzlich Salz zum Abschmecken; 150 g ganze Mandeln, geröstet; 2 1/2 Hand voll frische glatte Petersilienblätter; abgeriebene Schale und Saft von 3 unbehandelten Zitronen; 6 EL Olivenöl; frisch gemahlener schwarzer Pfeffer

Zubereitung

♦ Die Sultaninen in einer Schale mit kochendem Wasser bedecken und 15–20 Minuten einweichen lassen. Abgießen und beiseite stellen. Couscous, Safran und Salz in einer großen Schüssel gut vermischen. Mit kochend heißem Wasser gerade bedecken und 5 Minuten quellen lassen. Mit einer Gabel gleichmäßig auflockern, sodass sich die Körner voneinander trennen. Die übrigen Zutaten in eine große Schüssel füllen und die eingeweichten Sultaninen sowie den Couscous untermischen. Mit Salz und Pfeffer abschmecken und sofort servieren.

Großer Käse-Spinat-Kuchen mit Filoteig

Hier ist es – das ultimative Rezept für »spanakopita«, das die griechische Mutter meiner Freundin Cathy Lowis an sie weitergegeben hat. Der klassische Kuchen aus Filoteig eignet sich ideal für viele Gäste, denn er ist einfach, delikat und das Rezept lässt sich leicht verdoppeln. Für unsere Variante benötigt man ein Hand voll Reis.

Zutaten

Für 10–12 Personen

Für die Füllung:

2 EL Olivenöl

6 Frühlingszwiebeln, die weißen und die grünen Teile, gehackt

750 g frischer Spinat, gewaschen und geputzt, ersatzweise Tiefkühl-Blattspinat

350 g Hüttenkäse, überschüssige Molke abgegossen

500 g Feta (Schafkäse), zerkrümelt

3 EL frisch gehackter Dill

3 EL frisch gehackte Petersilie

1 EL ungekochter Langkornreis

Salz und frisch gemahlener schwarzer Pfeffer

Für den Teigboden und -deckel:

14 große Blätter Filoteig

6 EL Olivenöl

150 g Butter, zerlassen

Zubereitung

♦ Den Backofen auf 180 °C (Umluft 160 °C) vorheizen. Für die Füllung das Öl in einem großen Topf bei niedriger bis mittlerer Temperatur heiß werden lassen. Die Frühlingszwiebeln darin anschwitzen, bis sie glasig und weich sind. Den Spinat hinzufügen und gerade eben zusammenfallen lassen (Tiefkühlspinat gleichmäßig erhitzen). In ein Sieb abgießen und möglichst viel Flüssigkeit ausdrücken. Abkühlen lassen, in ein sauberes Küchentuch wickeln und das restliche Wasser ausdrücken. Den Spinat auf einer Arbeitsfläche grob hacken.

♦ In einer Schüssel den Spinat mit den übrigen Zutaten für die Füllung gut vermischen. Mit Salz und Pfeffer abschmecken, aber Achtung: Der Feta ist bereits sehr salzig.

♦ Den gesamten Filoteig, falls nötig, so zurechtschneiden, dass seine Größe dem Boden einer großen, tiefen, rechteckigen Backform entspricht. Den Teig mit einem leicht feuchten Tuch abdecken, damit er nicht austrocknet. Olivenöl und zerlassene Butter vermischen und die Backform damit einfetten. Eine Schicht Filoteig auf dem Boden der Form ausbreiten, mit der Buttermischung bestreichen, eine weitere Schicht Teig darauf legen, wieder bestreichen und so fortfahren, bis 7 Schichten übereinander liegen. Auf diese Teigschichten gleichmäßig die Füllung verteilen.

♦ Die Füllung mit weiteren 7 Teigschichten bedecken und diese wie vorher jeweils mit der Buttermischung bestreichen. Den Teigdeckel mit einem sehr scharfen Messer in rautenförmige oder quadratische Stücke schneiden.

♦ Den Käse-Spinat-Kuchen im vorgeheizten Ofen 45–60 Minuten backen, bis er goldbraun und knusprig ist. Vor dem Servieren entlang den Einschnitten in Stücke aufschneiden.

Vorbereiten

Die Füllung kann man 2 Tage im Voraus herstellen. Der fertige Kuchen lässt sich einfrieren und später aufbacken.

Tipp!

Die Füllung wird leicht etwas zu feucht, doch ein wenig ungekochter Reis saugt die überschüssige Flüssigkeit auf, und der Boden bleibt schön knusprig.

Servieren

Dazu passen Salat, Brot und Süßer Bohnensalat mit Wasserkastanien (siehe Seite 38).

Gebratener Spargel mit marmorierten Eiern

Diese Platte mit Spargel und Eiern ist vor allem zu Ostern sehr beliebt, wenn es viel zu feiern gibt – unter anderem auch den Beginn der Spargelsaison. Die ungewöhnliche Garmethode für die Eier stammt von einem alten jüdischen Rezept und ist für mich alljährlich zu einem Ritual geworden. Die übrigen Zwiebeln schneide ich meist in Scheiben und lasse sie karamellisieren, um daraus eine Suppe oder einen pikanten Kuchen zu bereiten.

Zutaten

Für 12 Personen

12 gelbe Zwiebeln (keine rote oder weiße Sorte)
12 Eier aus Freilandhaltung
3 EL Sonnenblumenöl
4–5 Bund grüner Spargel, die holzigen Enden entfernt
Olivenöl
Salz und frisch gemahlener schwarzer Pfeffer

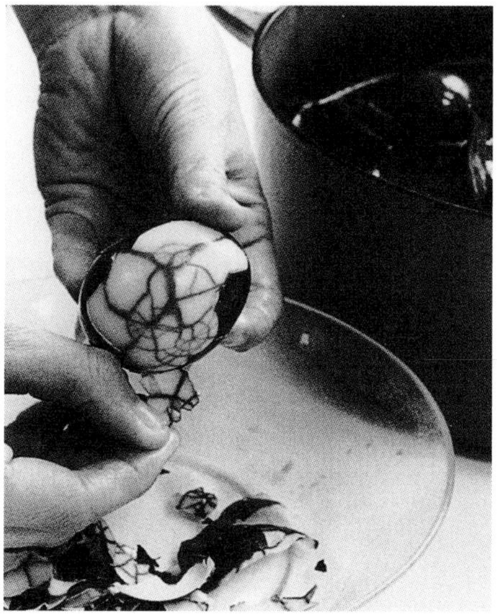

Zubereitung

♦ Für die marmorierten Eier zunächst die Zwiebeln schälen und die trockenen Schalen beiseite legen. Einen Teil der Schalen in einen Topf schichten, die Eier darauf legen und mit weiteren Zwiebelschalen bedecken. Diese auch zwischen die Eier stecken. Den Topf mit Wasser füllen, sodass die Eier 2 Zentimeter hoch damit bedeckt sind. Das Sonnenblumenöl hinzugießen. Aufkochen, die Hitze reduzieren und köcheln lassen.

♦ Nach etwa 30 Minuten die Eier mit einem Schaumlöffel herausnehmen. Vorsichtig mit einem Löffel gegen die Schalen klopfen, damit diese springen. Die Eier wieder in den Topf legen und 5–6 Stunden ganz sanft simmern lassen. Bei Bedarf etwas Wasser nachfüllen – das Öl sorgt dafür, dass nicht zu viel Wasser verdampft. Die Eier in der Flüssigkeit abkühlen lassen, abgießen und schälen. Sie sind nun schön marmoriert. Bis zum Servieren im Kühlschrank aufbewahren.

♦ Den Backofen auf 220 °C (Umluft 200 °C) vorheizen. Den Spargel gleichmäßig flach in einer Fettpfanne verteilen und so viel Olivenöl darüber träufeln, dass er damit überzogen ist – mit den Händen nachhelfen. Im vorgeheizten Ofen 10–15 Minuten braten, bis der Spargel weich, aber noch bissfest ist. Nach Geschmack mit Salz und schwarzem Pfeffer würzen und warm oder kalt mit den marmorierten Eiern servieren.

Vorbereiten Die Eier kann man bis zu 2 Tage im Voraus kochen, den Spargel bis zu 4 Stunden vorher braten.

Tipp! Die Enden der Spargelstangen abbrechen (sie brechen genau oberhalb der holzigen Enden), das garantiert gleichmäßig zarten Spargel.

Servieren Dazu passt der Sesam-Dip der Rohkostplatte »de luxe« von Seite 31.

3

Feine Kleinigkeiten

Köstliche Vorspeisen und kleine Gerichte

Die geistige Heimat der kleinen Gerichte ist die sonnenüberflutete Mittelmeerregion mit ihrem großen Olivenreichtum. Von Tapas bis Meze sollen all diese kleinen mediterranen Speisen aus hervorragenden Zutaten den Appetit anregen, während man abends noch in der Sonne bei einem kühlen Glas Wein sitzt. Viele der traditionellen Gerichte sind vegetarische Spezialitäten, und dies einfach deshalb, weil die fruchtbare Mittelmeerregion eine so reiche Auswahl an pflanzlichen Produkten hervorbringt. Die Zubereitung ist einfach und unterstreicht vor allem den Geschmack und die natürliche Besonderheit der Hauptzutaten. Hier versteht man wirklich etwas vom Essen und vom Leben.

Heutzutage versuchen viele Menschen, sich möglichst leicht und gesund zu ernähren. Da sind die mediterranen Küchen mit ihrem gesunden Olivenöl, den vitaminreichen Produkten und den intensiven Aromen genau das Richtige. Und genau richtig sind auch die kleinen, appetitanregenden Speisen, die man einer schweren Mahlzeit allemal vorziehen sollte.

Alle Gerichte in diesem Kapitel eignen sich als Auftakt zu einem fantastischen Menü, als einer von mehreren kleinen Gängen zu einem festlichen Essen oder einfach als leichte Mahlzeit. Bei vielen Gästen serviert man die Speisen vielleicht lieber auf einzelnen Tellern, die schon eingedeckt sind, wenn alle zu Tisch kommen. Als Gastgeber möchte man die Gäste natürlich verwöhnen, doch bei mehreren Gängen sollte man die Portionen sparsam dosieren, damit auch jeder Bissen hinreichend geschätzt wird.

Würzige Auberginenfächer mit Minzejoghurt

In der indischen Küche, wo Auberginen aus dem Standardangebot der Gemüsemärkte nicht wegzudenken sind, werden Baby-Auberginen gern gefüllt, und dies ist ein Gericht nach südindischer Art, das das Haus mit einem intensiven Curryaroma erfüllt. Am besten eignen sich flaschenförmige Auberginen von etwa 6 Zentimeter Länge. Man kann sie 6 Stunden vorher zubereiten, die Sauce jedoch erst kurz vor dem Servieren.

Zutaten

Für 4–6 Personen

500 g Baby-Auberginen

300 ml Gemüsebrühe

Für das Gewürzöl:

5 EL Sonnenblumenöl

2 TL schwarze Senfkörner

4 Knoblauchzehen, fein gehackt

2–3 frische rote Chilischoten, von Stielansatz, Samen und Scheidewänden befreit, fein gehackt

1 TL gemahlene Kurkuma

2 TL Kreuzkümmel

1/2 TL Bockshornkleesamen (nach Belieben)

1/2 TL Salz

Für den Minzejoghurt:

100 ml dicker Joghurt

1 Hand voll frisch gehackte Minzeblätter

Frisch gepresster Saft von 1 Limette

Salz und frisch gemahlener schwarzer Pfeffer

Zubereitung

♦ Zunächst das Gewürzöl zubereiten. Dafür in einer beschichteten Pfanne das Sonnenblumenöl bei mittlerer Temperatur erhitzen. Die Senfkörner hineingeben und, sobald sie aufplatzen, die restlichen Zutaten unterrühren. Die Pfanne sofort vom Herd nehmen, das Öl in eine kalte Keramikschale gießen und abkühlen lassen. Die abgekühlte Pfanne mit Küchenpapier auswischen, doch eine dünne Ölschicht darin belassen.

♦ Inzwischen die Auberginen nacheinander auf ein Schneidbrett legen, am Stiel festhalten und längs wie einen Fächer in 3–4 Scheiben schneiden, die am Stielende jedoch zusammenhängen. Als Alternative die Auberginen längs vierteln, aber den Stiel auch hier nicht entfernen.

♦ Mit einem Teelöffel das abgekühlte Gewürzöl gleichmäßig zwischen den einzelnen Auberginenscheiben oder -vierteln verteilen.

♦ Die Auberginen am Ende jeweils mit einem Cocktailspießchen fixieren. Die Pfanne wieder erhitzen und die Auberginen darin bei mittlerer Temperatur braten, bis sie von beiden Seiten leicht gebräunt sind. Die Gemüsebrühe hinzugießen und die Auberginen zugedeckt bei schwacher Hitze 10–15 Minuten köcheln lassen, bis sie sehr weich sind. Den Deckel abnehmen und die Brühe bei stärkerer Hitze zu einer dicken Glasur einkochen lassen, die nur noch den Pfannenboden bedeckt.

♦ Sämtliche Zutaten für den Minzejoghurt vermischen und auf einzelne Teller verteilen. Die Auberginen darauf anrichten und mit der Glasur aus der Pfanne beträufeln. Warm oder kalt servieren.

Roher Thai-Salat in Pappadam-Körbchen

Ein ebenso knackiger wie aromatischer Salat und dabei besonders leicht und wirklich appetitanregend. Ich habe ihn für ein sommerliches Hochzeitsfest von Freunden kreiert: Die farbenfrohen Salatportionen waren schon serviert und bildeten einen Teil der Dekoration, als die Gäste in das reich mit Blumen geschmückte Festzelt traten. Aber er eignet sich nicht nur für ein großes Fest, sondern auch für eine kleinere, zwanglose Feier.

Zutaten

Für 8–10 Personen

Für das Dressing:

100 ml heller Sirup oder Glukosesirup
2 EL frisch gepresster Limettensaft
100 ml helle Sojasauce
2 Knoblauchzehen
2–3 kleine, frische rote Chilischoten, von Stielansatz, Samen und Scheidewänden befreit, in Scheiben
3 Stängel Zitronengras, in Scheiben geschnitten (nach Belieben)
4 Kaffirlimettenblätter, grob gehackt (nach Belieben)

Für den Salat:

225 g Rotkohl, gehobelt
1 rote Paprikaschote, von Stielansatz, Samen und Scheidewänden befreit, in Streifen geschnitten
350 g Bohnensprossen
8 Frühlingszwiebeln, schräg in Scheiben geschnitten
2 Dosen (je 200 g) Wasserkastanien, abgegossen und schräg in Scheiben geschnitten
4 Palmherzen aus der Dose, abgegossen und schräg in Scheiben geschnitten
4 frische Minzezweige, nur die Blätter
Öl zum Braten
10 Pappadams (Linsenwaffeln)
10 runde Salatblätter, gewaschen und trockengeschwenkt
3 EL Sesamsamen, geröstet
2 unbehandelte Limetten, in Spalten geschnitten
8–10 essbare Blüten, etwa Ackerstiefmütterchen oder Kapuzinerkresse (nach Belieben)

Zubereitung

- Alle Zutaten für das Dressing im Mixer gleichmäßig verrühren. Bis zur Verwendung beiseite stellen.
- Die ersten sieben Zutaten für den Salat locker vermischen und kalt stellen.
- Das Öl mindestens 10 Zentimeter hoch in eine Pfanne gießen und erhitzen, bis es zu rauchen beginnt (190 °C). Mit einer Küchenzange einzeln die Pappadams ins Öl einlegen und mit einer kleinen Kelle in der Mitte herunterdrücken, sodass sie sich wie kleine Körbchen um die Kelle legen. Umgedreht auf Küchenpapier abtropfen lassen.
- Jedes abgekühlte Pappadam-Körbchen mit 1 Salatblatt auslegen. Den Salat mit dem Dressing vermischen und in die Körbchen verteilen. Mit Sesam, Limettenspalten und Blüten (falls verwendet) garnieren.

Vorbereiten Die Pappadam-Körbchen kann man 4 Stunden vorher frittieren und an einem trockenen Ort aufbewahren.

Ingwer-Avocados vegan

Wenn es eine Möglichkeit gibt, das feine Butteraroma von reifen Avocados noch zu verbessern, dann auf diese Weise. Ingwer und Avocado ergänzen sich ideal. Zubereiten sollte man die Avocados aber erst kurz vor dem Servieren.

Zutaten

Für 6 Personen

3 auf den Punkt reife Avocados
Frisch gepresster Saft von 1–2 Zitronen
2 EL dunkle Sojasauce
1 EL Balsamessig
2 TL fein geriebener frischer Ingwer
Frisch gemahlener schwarzer Pfeffer
Einige frische Dillzweige zum Garnieren

Zubereitung

◆ Die Avocados halbieren und den Stein entfernen. Um die Hälften gleichmäßig von der Haut zu befreien, einen großen Löffel einige Sekunden in eine Tasse mit kochend heißem Wasser halten. Mit dem heißen Löffel zügig am schmalen Ende der Avocado zwischen Haut und Fleisch fahren. Die Wärme lässt das Fruchtfleisch »schmelzen«, sodass es problemlos in einer Bewegung ausgelöst werden kann. Alternativ die Avocados vierteln und die Haut abschälen. Den Zitronensaft über die Avocados träufeln und mit den Händen gleichmäßig das Fruchtfleisch damit überziehen. Auf eine Platte oder einzelne Teller setzen.
◆ Sojasauce, Essig und Ingwer vermischen und über die Avocados träufeln oder in die Vertiefung in der Mitte gießen. Mit Pfeffer bestreuen und mit Dill garnieren.

Würzige Kürbissuppe mit Tamarinde vegan

Eine samtweiche, dicke Suppe mit raffiniertem Aroma. Sie benötigen einen Kürbis mit festem Fleisch, der etwa 1,3 Kilogramm wiegen sollte, da Schale und Samen ja wegfallen.

Zutaten

Für 4–6 Personen

1 kg geschältes Kürbisfleisch, in Stücke geschnitten
1 TL Koriandersamen
1 TL Kreuzkümmel
6 Knoblauchzehen
6 cm frische Ingwerwurzel, geschält und gehackt
Salz und frisch gemahlener schwarzer Pfeffer
3–4 EL natives Olivenöl extra
1 l Gemüsebrühe
2 EL Tamarindenpaste (siehe Seite 17) oder 2 TL Worcestershiresauce

Für die Garnitur (nach Belieben):

Geschlagene Sahne oder Joghurt
Geschälte Kürbiskerne

Zubereitung

♦ Den Backofen auf 200 °C (Umluft 180 °C) vorheizen. Die Kürbisstücke in einen Bräter legen und die Gewürze, ganze Knoblauchzehen, Ingwer, Salz und schwarzen Pfeffer darüber streuen. Gleichmäßig mit dem Olivenöl beträufeln. Im vorgeheizten Ofen 30–40 Minuten braten, bis die Stücke sehr weich sind. Ab und zu durchrühren.

♦ Die Kürbisstücke leicht abkühlen lassen, in einen Topf füllen und die Gemüsebrühe sowie die Tamarindenpaste hinzufügen. Aufkochen und 10 Minuten schwach köcheln lassen. Die Suppe mit dem Pürierstab völlig glatt pürieren und in vorgewärmte Schalen füllen. Mit Schlagsahne oder Joghurt und den Kürbiskernen garnieren und sofort servieren.

Rote-Bete-Suppe mit Kokoscreme **vegan**

Diese Suppe wird Ihre Gäste sicher begeistern. Kokosnuss und Rote Bete werden in Südindien oft kombiniert, und ich habe mich davon inspirieren lassen. Die milchige Kokosnuss lässt die intensive Farbe der Roten Bete noch mehr leuchten, und die exotischen Aromen passen ideal zu diesem herrlichen Aussehen. In kleinen Espressotassen oder Gläschen kann man jede Suppe auch wie ein Kanapee servieren, nur muss man sie vorher ein wenig abkühlen lassen. Auf diese Weise sieht die Suppe besonders beeindruckend aus.

Zutaten

Für 4–6 Personen

500 g frische Rote Beten, von den Blättern befreit und gewaschen
1 l Gemüsebrühe
200 g Kokoscreme aus der Dose
4 Knoblauchzehen
1 TL gemahlener Kreuzkümmel
Abgeriebene Schale von 1 unbehandelten Zitrone
Frisch gepresster Saft von 1/2 Zitrone

Zum Servieren:

Gurken-Salsa (siehe unten)
Pita-Brot oder Chapati, in Streifen geschnitten und geröstet

Zubereitung

♦ Wasser in einen großen Topf füllen, kräftig salzen und zum Kochen bringen. Die Roten Beten einlegen und in 30–40 Minuten weich kochen (mit einem Metallspieß oder scharfen Messer prüfen, ob sie weich sind). Abgießen, unter kaltem Wasser abspülen und die Haut mit den Fingern vollständig abziehen. Das Fruchtfleisch grob hacken.

♦ Die Gemüsebrühe in dem ausgespülten Topf zum kochen bringen und die Kokoscreme unterrühren, bis sie sich auflöst.

♦ Die Roten Beten mit dem Knoblauch, Kreuzkümmel, Zitronenschale und -saft sowie 200 ml Wasser im Mixer cremig pürieren.

♦ Das Püree in die kochende Brühe rühren. (Die Püreereste im Mixer eventuell mit etwas Brühe verdünnen.) Zum Kochen bringen und 10 Minuten köcheln lassen. In vorgewärmten Schalen mit einem Klecks Gurken-Salsa und einem Streifen geröstetem Pita-Brot oder Chapatis servieren.

Gurken-Salsa **vegan** — eine erfrischende Salsa, die gut mit der Suppe harmoniert

Zutaten

5 cm Salatgurke, geschält, Samen entfernt und fein gehackt; 1 Schalotte, fein gehackt; 10 frische Minzeblätter, fein gehackt; 1 frische rote Chilischote, von Stielansatz, Samen und Scheidewänden befreit, fein gehackt; 1 Spritzer Zitronensaft; 1 Prise Salz

Zubereitung

♦ Alle Zutaten gründlich vermischen. Einige Zeit ruhen lassen, damit sich die Aromen entfalten können.

Ein kleines Fest für Freunde ist immer ein willkommener Anlass, besondere Schätze aus der eigenen Küche zu präsentieren. Für einen gemütlichen frühen Abend mit Freunden kann man ruhig einmal die klassische Menüfolge mit Vorspeise, Hauptgericht und Dessert durch ein sechsgängiges Mahl ersetzen. Das ist kein Widerspruch, wenn es sich um eine zwanglose Einladung zu einem reichhaltigen Essen hnadelt, für das man nicht tagelang einkaufen, zubereiten und abwaschen muss. Nacheinander werden sechs kleine Gerichte serviert. Am besten sind einfache Gerichte, einschließlich einer Süßspeise. Es kann sich auch ruhig um gegarte Artischocken mit Zitrone und Mayonnaise handeln, eine Schale Oliven oder duftende Scheiben reife Mango. Verraten Sie nichts! Es ist eine Freude, die Spannung und Neugier zwischen den Gängen zu erleben.

Einkauf Am besten besucht man am Morgen oder am Tag zuvor einen Bauernmarkt oder ein außergewöhnliches Feinkostgeschäft und lässt sich von dem Angebot inspirieren. Ein besonderer Käse, verführerische süße Tomaten oder eine neu entdeckte Spezialität können genau das Richtige sein.

Anrichten Für die sechs kleinen Gerichte braucht man keinesfalls sechs verschiedene Gedecke. Ein oder zwei kleine Teller und eventuell eine kleine Schale pro Person genügen. Und der Abwasch kann bis morgen warten.

Getränke Bier sorgt für eine besonders fröhliche Stimmung. Man kann verschiedene helle und dunkle Biersorten kaufen und zu jedem Gang eine andere servieren. An heißen Tagen reicht man das Bier in gekühlten Glaskrügen.

Serviervorschlag

Ingwer-Avocados Seite 52

Würzige Kürbissuppe mit Tamarinde Seite 53

Cocktailtomaten und Gurkenscheiben mit scharfem Fenchelsalz Seite 31

Würzige Auberginenfächer mit Minzejoghurt Seite 49

Weizen-Hefebrot mit Kernen und Samen + Heißer geschmolzener Käse Seite 62

Karamellisierte Kastanien in Cognacsauce mit Schokoladeneis Seite 85

Mit Käse überbackene Avocadosuppe

Die Avocado ist eine ausgesprochen empfindliche Frucht. Überreife Exemplare büßen an Aroma ein, doch die feine Butterkonsistenz entschädigt dafür. Unreife Avocados kann man dagegen nicht essen. Die Früchte vertragen keine große Hitze und müssen sehr vorsichtig gehandhabt werden. Als fettreichste aller Früchte schmecken sie bei leichter Erwärmung jedoch ganz wunderbar. Eine Suppe, die ich einmal in Mexiko gegessen habe, regte mich zu diesem Rezept an. Im Grunde handelt es sich um eine mit heißer Brühe verdünnte Guacamole. Sie ist schnell zubereitet.

Zutaten

Für 4–6 Personen

Für die Suppe:

4 mittelgroße, reife Avocados
Frisch gepresster Saft von 2 Limetten
200 ml Crème fraîche oder saure Sahne
1 kleine Zwiebel, fein gehackt
2 Tomaten, enthäutet, Samen entfernt, gehackt
1 Knoblauchzehe, zerdrückt
1 frische rote Chilischote, von Stielansatz, Samen und Scheidewänden befreit und fein gehackt
Salz und frisch gemahlener schwarzer Pfeffer
750 ml heiße Gemüsebrühe

Zum Überbacken:

100 g ungewürzte Tortilla-Chips
100 g geriebener Käse (Cheddar oder Monterey Jack)
4 Frühlingszwiebeln, gehackt oder in Ringe geschnitten
100 ml Crème fraîche oder saure Sahne

Zubereitung

♦ Den Backofen oder Grill auf höchster Stufe vorheizen. Das Avocadofleisch mit einem Löffel aus den Schalen lösen und mit dem Limettensaft zerdrücken (am besten eignet sich dafür ein Kartoffelstampfer). Crème fraîche oder saure Sahne, Zwiebel, Tomaten, Knoblauch und Chili unterrühren, mit Salz und Pfeffer abschmecken. 4–6 feuerfeste Suppenschalen auf ein Backblech stellen und im heißen Ofen oder Grill kurz vorwärmen.

♦ Die heiße, aber nicht kochende Brühe unter die Avocadomischung rühren und die Suppe in die vorgewärmten Schalen füllen. Zum Überbacken jeweils einige Tortilla-Chips auf die Suppenportionen geben und mit geriebenem Käse bestreuen. Die Suppenschalen für wenige Minuten in den Ofen oder unter den Grill schieben, bis der Käse schmilzt. Mit Frühlingszwiebeln bestreuen und mit einem Klecks Crème fraîche oder saurer Sahne sofort servieren.

Vorbereiten

Die Avocadomischung kann bis zu 2 Stunden vorher zubereitet werden. Mit Klarsichtfolie abdecken, kalt stellen und vor Zugabe der Brühe Raumtemperatur annehmen lassen.

Tipp!

Am schönsten sieht die Suppe in einzelnen Schalen aus, aber man kann sie auch in eine weite, feuerfeste Schüssel füllen und die gesamte Oberfläche mit Tortillas und Käse überbacken. In der Schüssel servieren.

Servieren

Die sättigende Suppe ergibt mit einem Beilagensalat eine komplette Mahlzeit.

Warmer Pilzsalat mit Sahne-Kapern-Dressing

Für diesen einfachen, aber raffinierten Salat kann man verschiedenste Pilze verwenden. Mit hart gekochten Eiern oder gebratenem Halloumi (Lake-Käse) wird daraus ein Hauptgericht.

Zutaten

Für 4 Personen

2 EL Butter, 1 EL Olivenöl
2 Knoblauchzehen, in Scheiben geschnitten
400 g Wildpilze oder Champignons, die Stiele eingekürzt, Champignons in dünne Scheiben geschnitten
Salz und frisch gemahlener schwarzer Pfeffer
3 EL frisch gehackte gemischte Kräuter, etwa Rosmarin, Salbei, Thymian, Majoran und Petersilie
Saft und abgeriebene Schale von 1 Zitrone

Für das Dressing:

125 ml Crème fraîche oder saure Sahne
2 EL Kapern in Essigsud, abgetropft, zusätzlich 1 TL Essigsud von den Kapern
1 EL frische Schnittlauchröllchen
1–2 EL Wasser (nach Belieben)

Zum Servieren:

200 g gemischte Salatblätter
Knusprig gebackenes Brot

Zubereitung

◆ Die Butter in einer großen Pfanne oder im vorgewärmten Wok zerlassen. Das Olivenöl hinzugießen und den Knoblauch darin braten, bis er duftet. Die Pilze dazugeben und kräftig mit Salz und Pfeffer würzen. Die Pilze pfannenrühren, bis sie weich sind. Dann die Kräuter hinzufügen und etwa 5 Minuten mitbraten, bis die meiste Flüssigkeit eingekocht ist. Mit der Hälfte des Zitronensafts beträufeln und vom Herd nehmen.

◆ Für das Dressing sämtliche Zutaten mit dem übrigen Zitronensaft und der Zitronenschale vermischen. Nach Belieben mit Wasser verdünnen. Die Pilze auf den Salatblättern anrichten und mit dem Dressing beträufeln. Mit Brot servieren.

Pastinaken-Birnen-Salat mit Gorgonzola-Dressing

Pastinaken, Birnen und jeglicher Blauschimmelkäse ergeben ein perfektes Trio. Dieser elegante Wintersalat besitzt außerdem einen ausgewogenen Nährstoffgehalt, denn die Macadamianüsse sorgen für zusätzliches Eiweiß. Darum kann man den Salat auch als leichtes Hauptgericht servieren.

Zutaten

Für 4 Personen

4 kleine Pastinaken, geschält und längs geviertelt
2 EL Olivenöl
1 EL Honig
Salz
Frisch gemahlener schwarzer Pfeffer
4 Hand voll Rucola
2 Tafelbirnen, Kerngehäuse entfernt und in Spalten geschnitten
85 g Macadamianüsse, geröstet

Für das Dressing:

150 g Gorgonzola oder ein anderer kräftiger Blauschimmelkäse
3 EL Weißweinessig
125 ml Olivenöl

Zubereitung

♦ Den Backofen auf 200 °C (Umluft 180 °C) vorheizen. Die Pastinaken in einen Bräter legen und mit dem Olivenöl überziehen. Den Honig darüber träufeln, mit Salz und Pfeffer würzen. Im vorgeheizten Ofen etwa 20 Minuten goldgelb braten. Herausnehmen und abkühlen lassen.

♦ Für das Dressing den Gorgonzola in einer Schüssel zerdrücken. Den Essig unterrühren und das Olivenöl mit etwas Salz und schwarzem Pfeffer unterschlagen.

♦ Den Rucola auf einzelnen Tellern ausbreiten und darauf die Birnen, Macadamianüsse und Pastinaken anrichten. Mit dem Dressing beträufeln und noch etwas schwarzen Pfeffer darüber mahlen.

Weizen-Hefebrot mit Kernen und Samen

Wer kerniges Brot liebt, wird es mit Begeisterung auch einmal selber backen wollen. Für dieses kräftige Brot wird der Teig zwar mit den Händen in der Schüssel vermischt, aber nicht geknetet. Hanfsamen bekommt man im Bioladen und Reformhaus. Sie haben eine wunderbar knusprige Konsistenz, die ein wenig an Popcorn erinnert.

Zutaten

Für 6–8 Personen

2 EL Honig
1 EL Trockenhefe
300 g Weizenvollkornmehl
200 g Weizenmehl (Type 1050)
2 TL Salz
2 EL geschälte Kürbiskerne
2 EL geschälte Sonnenblumenkerne
2 EL Hanfsamen
Butter zum Einfetten
Milch zum Bestreichen (nach Belieben)
1 EL Mohnsamen zum Bestreuen (nach Belieben)

Zubereitung

♦ Den Honig in 300 Milliliter lauwarmem Wasser in einer kleinen Schale lösen. Die Hefe unterrühren und die Mischung zugedeckt an einem warmen Ort etwa 15 Minuten ruhen lassen, bis sich an der Oberfläche Blasen zeigen.

♦ Die beiden Mehlsorten in einer Schüssel vermischen. Mit einem Holzlöffel Salz, Kürbis- und Sonnenblumenkerne sowie Hanfsamen untermischen. Nach und nach den Hefeansatz dazugießen und alles mit dem Holzlöffel verrühren. Sobald sich die Mischung zu einem Teig zusammenballt, mit einer Hand zu einer Kugel formen und mit der anderen Hand die Schüssel drehen. Auf diese Weise alles zu einem geschmeidigen Teig verarbeiten, wobei die Schüsselwand fast sauber bleibt. Ist der Teig zu klebrig, etwas Mehl, ist er zu trocken, ein paar Spritzer Wasser einarbeiten.

♦ Ein Backblech einfetten. Den Teig darauf geben und zu einem ovalen Laib formen. Mit Mehl bestäuben und mit einem feuchten Küchentuch bedecken. An einem warmen Ort etwa 1 Stunde gehen lassen, bis sich das Volumen verdoppelt hat. Den Backofen auf 200 °C (Umluft 180 °C) vorheizen. Den Brotlaib in der Mitte mit einer Küchenschere dekorativ einschneiden, nach Belieben mit Milch bestreichen und mit Mohn bestreuen. Das Brot im vorgeheizten Ofen 30–40 Minuten backen, bis es goldbraun und fest ist und hohl klingt, wenn man von unten dagegen klopft. Auf einem Kuchengitter auskühlen lassen.

Heißer geschmolzener Käse

— Wer ein gutes Käsegeschäft kennt, sollte nach Vacherin du Mont d'Or Sancey Richard fragen, der sich perfekt für diese Behandlung eignet. Aber auch jeder andere reife halbfeste Schnittkäse mit feiner Flora kann verwendet werden. Bekommt man ihn nicht in einer Schachtel, wickelt man den Käse in Alufolie. Hauptsache, man kann das frische Brot in den wunderbar cremigen geschmolzenen Käse tunken.

Zutaten

Für 6–8 Personen

Etwas Weißwein; reifer, halbfester Schnittkäse in einer Schachtel; Alufolie

Zubereitung

♦ Den Backofen auf 200 °C (Umluft 180 °C) vorheizen. Den Deckel der Käseschachtel abnehmen und etwas Weißwein über die Rinde gießen. Den Deckel wieder aufsetzen und den Käse samt Schachtel in Alufolie wickeln. Für 15–20 Minuten auf dem mittleren Rost in den Backofen schieben, bis der Käse schön flüssig geworden ist. Den Käse auspacken und das aufgeschnittene Brot in den geschmolzenen Käse tunken.

4

Lunch & Dinner

Verführerische Hauptgerichte

Ricotta-Nockerln mit Wodka-Steinpilz-Sauce
Gegrillte Tofu-Mango-Spieße + Rauchiges Auberginen-Relish
Süßkartoffelgnocchi mit Käsesauce
Gebratene Auberginen & Halloumi mit Mandelpüree
Gefüllte Champignons mit Trüffelaroma
Einfache Spargeltarte
Kartoffelstrudel mit geräuchertem Mozzarella
Zwiebel-Ricotta-Kuchen mit Cranberries und Salbei
Kürbisgratin mit Knoblauch und Salbei

Das vegetarische Hauptgericht erscheint allen, die weniger Erfahrung mit der vegetarischen Küche haben, als großes Problem. Hat man ein Essen mit einem großen Stück Fleisch und Beilagen geplant, was serviert man dann bloß einem Vegetarier? Was eignet sich als Fleischersatz?

Die Antwort: gar nichts. Fleischersatz aus Soja ist sicher nicht das Richtige, und die Tage des Nussbratens liegen längst hinter uns. Die meisten Vegetarier sind mit den klassischen Beilagen für einen Braten, etwa Kartoffeln und Gemüse, ganz zufrieden, und dazu reicht man am besten ein pikantes Gericht, das im Idealfall noch zusätzliches Eiweiß liefert. Sämtliche Gerichte in diesem Kapitel kann man auf diese Weise servieren. Man sollte allerdings berücksichtigen, dass die meisten Gäste sicher auch etwas von der vegetarischen Speise probieren möchten. Also ruhig mehr zubereiten und herumreichen!

Es ist auch reizvoll, allen Gängen des Menüs die gleiche Aufmerksamkeit zu schenken. Wird Fleisch serviert, dann jedoch nicht als Hauptspeise. Vielmehr wählt man vier oder fünf gleichwertige Gerichte, die sich perfekt ergänzen. Wichtig sind dabei unterschiedliche Texturen (cremig und knusprig), Farben (ähnlich gefärbte Speisen sollte man vermeiden, insbesondere, wenn sie braun sind) und Geschmacksrichtungen (säuerlich/süß/salzig/würzig). Außerdem sollte man auch stets eine neutrale Beilage reichen, etwa einen einfachen Salat oder gedämpftes grünes Gemüse.

Auf allzu komplizierte Menüs verzichtet man am besten, vor allem, wenn man nur für ein paar Gäste kocht. Die Gerichte in diesem Kapitel eignen sich selbstverständlich auch als eigenständige Mahlzeiten.

Ricotta-Nockerln mit Wodka-Steinpilz-Sauce

Die Italiener würden diese Klößchen als *malfatti* (»schlecht gemacht«) bezeichnen, denn sie sind auf ansprechende Weise unregelmäßig geformt – was weniger Arbeit für Koch oder Köchin bedeutet. Durch den Wodka erhält die Sauce eine besonders pikante Note. Die Nockerln kann man in einer heißen Kasserolle oder auf einem Holzbrett servieren oder man füllt sie in eine vorgewärmte Servierschüssel und bestreut sie mit frisch geriebenem Parmesan.

Zutaten

Für 4 Personen

Salz
300 g junger Spinat, gründlich gewaschen
1 Hand voll frische Kräuter, etwa Basilikum, Petersilie oder Oregano, gehackt
500 g Ricotta, abgetropft
3 Eier aus Freilandhaltung
60 g frisch geriebener Parmesan
2–6 EL Mehl
2 EL Weichweizengrieß
Frisch gemahlener schwarzer Pfeffer

Für die Sauce:

1 EL getrocknete Steinpilze (etwa 10 g)
100 g Butter
2 Knoblauchzehen, gehackt
100 ml Wodka
Frisch geriebener Parmesan zum Bestreuen

Zubereitung

♦ Zunächst die Steinpilze für die Sauce in einer Schüssel mit kochend heißem Wasser bedecken und 15 Minuten einweichen. Die Pilze abgießen, abspülen, hacken und beiseite stellen. Für die Nockerln gesalzenes Wasser in einem großen Topf aufkochen und bei reduzierter Hitze köcheln lassen.

♦ In der Zwischenzeit den Spinat in einem Sieb mit kochend heißem Wasser überbrühen, bis er zusammenfällt. Gut abtropfen lassen und möglichst viel Wasser ausdrücken. Fest in ein sauberes Küchentuch wickeln und das restliche Wasser ausdrücken. Den Spinat mit den übrigen Zutaten – anfangs nur 2 Esslöffel Mehl zugeben – in der Küchenmaschine gleichmäßig mixen. Alternativ Spinat und Kräuter hacken und mit den anderen Zutaten in einer Schüssel vermischen. Die Nockerlmasse sollte etwa die Konsistenz von Hüttenkäse haben.

♦ Zur Probe mit einem Esslöffel ein Nockerl von der Masse abstechen und in das leicht köchelnde Wasser gleiten lassen. Zerfällt es, noch etwas mehr Mehl einarbeiten. Von der Masse mit dem Löffel Nockerln abstechen und portionsweise ins Wasser gleiten lassen. In 2–3 Minuten gar ziehen lassen, bis sie an die Oberfläche steigen. In einem mit Küchenpapier ausgelegten Sieb abtropfen lassen. Die fertigen Klößchen in einer Schüssel im Backofen warm stellen.

♦ Für die Sauce die Butter in einer Pfanne zerlassen. Den Knoblauch und die gehackten Steinpilze 2 Minuten darin anschwitzen. Den Wodka hinzugießen, mit Salz und Pfeffer würzen. Aufkochen und 2 Minuten köcheln lassen, bis der Alkohol verdampft ist. Die Nockerln mit der Sauce beträufeln und großzügig mit Parmesan bestreuen.

Gegrillte Tofu-Mango-Spieße

Wer keinen Tofu mag, sollte sich eines Besseren belehren lassen, denn bei pikanter Zubereitung schmeckt der Sojabohnenquark unwiderstehlich. Grillen oder Braten beschert ihm eine herrlich knusprige Kruste, und durch Marinieren bekommt er einen wunderbaren Geschmack.

Zutaten

Für 4–5 Personen

Für die Sauce:

4 EL dunkle Sojasauce
2 EL heller Sirup oder Honig
1 EL Chilisauce oder 5–6 Spritzer Tabasco
2 EL frisch gepresster Limettensaft
1 EL frisch geriebener Ingwer

Für die Spieße:

4 EL Maisstärke
300 g Tofu, abgetropft und trockengetupft
Öl zum Frittieren
1 kleine, reife, aber feste Mango, gewürfelt
10 Kaffirlimettenblätter (nach Belieben)
10 Limettenspalten

Zubereitung

♦ Kochend heißes Wasser über 10 lange Holzspieße gießen und abkühlen lassen. Auf diese Weise verbrennen die Spieße beim Grillen nicht. Die Zutaten für die Sauce vermischen und beiseite stellen.

♦ Die Maisstärke auf einen Teller streuen. Den Tofu in 20 gleich große Stücke schneiden, in der Stärke wälzen, überschüssige Stärke abschütteln. Das Öl etwa 1 Zentimeter hoch in eine große Pfanne füllen und erhitzen; es sollte aber nicht rauchen. Den Tofu darin rundum knusprig und goldbraun braten. Darauf achten, dass die Stücke nicht zusammenkleben. Kurz auf Küchenpapier abtropfen lassen. Auf einem Teller mit der Hälfte der Sauce beträufeln und abkühlen lassen. Besonders gut schmeckt der Tofu, wenn man ihn 1–2 Stunden im Kühlschrank marinieren lässt.

♦ Je einen Mangowürfel, ein Stück Tofu, ein Limettenblatt (falls verwendet), ein weiteres Stück Tofu, einen Mangowürfel und eine Limettenspalte auf die Spieße stecken. Eine Grillpfanne (oder den Backofengrill) sehr heiß werden lassen. Die Spieße knusprig grillen, bis sich rundum ein paar dunkle Stellen bilden, dabei mit einer Küchenzange wenden. Die übrige Sauce zum Würzen für eine Reis- oder Nudelbeilage in einer kleinen Schale servieren.

Rauchiges Auberginen-Relish **vegan** – Eine herrliche Beigabe zu den Spießen

Zutaten

1 lange, schlanke Aubergine; 1/4 Salatgurke, von den Samen befreit und gewürfelt; 1 Hand voll frische Schnittlauchröllchen; 1 frische grüne Chilischote, von Stielansatz, Samen und Scheidewänden befreit und gehackt; 2 EL frisch gehackte Minze; 1 EL frisch gepresster Limettensaft; 1 EL helle Sojasauce; 1 TL extrafeiner Zucker

Zubereitung

♦ Eine Gabel in den Stielansatz der Aubergine stecken und diese vorsichtig über eine hohe Gasflamme halten. Die Aubergine ab und zu drehen, bis sie ganz weich ist und die Haut dunkle Stellen aufweist. Alternativ die Aubergine grillen, bis sie rundum Blasen wirft.

♦ Auf einem Teller abkühlen lassen, die dunkle Haut abziehen und das Fleisch hacken. Ein paar dunkle Stellen stören nicht, da sie zum rauchigen Aroma beitragen. Das Auberginenfleisch mit den übrigen Zutaten vermischen und servieren.

Süßkartoffelgnocchi mit Käsasauce

Gnocchi, die klassischen italienischen Kartoffelklößchen, sehen manchmal etwas langweilig aus, doch nicht diese raffinierte Variante. Das orangefarbene Fleisch der Süßkartoffeln lässt sie wunderbar leuchten. Die einfache, aber verführerische Käsesauce passt ideal dazu. Beim Einkauf sollte man ein kleines Stück Schale von den Süßkartoffeln reiben, um sicherzugehen, dass ihr Fleisch orangefarben ist. Dieses Gericht serviert man in kleineren Portionen.

Zutaten

Für 4–6 Personen

Für die Gnocchi:

500 g Süßkartoffeln mit orangefarbenem Fleisch, gewaschen
Salz und frisch gemahlener schwarzer Pfeffer
2 Eigelb (von Eiern aus Freilandhaltung)
75 g Mehl
50 g Weichweizengrieß, zusätzlich etwas Grieß zum Bestreuen

Für die Sauce:

150 ml Sahne
200 g Dolcelatte (milde Gorgonzola-Variante mit Mascarpone-Schichten) oder Gorgonzola, gewürfelt

Zubereitung

♦ Den Backofen auf 220 °C (Umluft 200 °C) vorheizen. Die Süßkartoffeln mehrmals mit der Gabel einstechen, 45–60 Minuten im Backofen backen, bis sie weich sind. Lauwarm abkühlen lassen und schälen.
♦ Die Süßkartoffeln zerstampfen und mit den übrigen Zutaten vermischen. Mit angefeuchteten Händen aus der Masse kleine Gnocchi formen und auf ein mit Grieß bestreutes Backblech setzen. In einem großen Topf gesalzenes Wasser aufkochen. Die Gnocchi hineingleiten und 3–4 Minuten darin gar ziehen lassen, bis sie an die Oberfläche steigen. Abtropfen lassen.
♦ Für die Sauce die Sahne langsam erhitzen, bis sie zu kochen beginnt. Den Käse unterrühren und schmelzen lassen. Mit etwas schwarzem Pfeffer bestreuen und über die Gnocchi gießen. Sofort servieren.

Gebratene Auberginen & Halloumi mit Mandelpüree

Dieses exotisch schmeckende Püree mit Granatapfelsirup, einem süßsäuerlichen Sirup aus reinem Saftkonzentrat, basiert auf einem italienischen Rezept aus dem 15. Jahrhundert. Es passt auch gut zu salzigem Frischkäse.

Zutaten

Für 4 Personen

2 mittegroße Auberginen
Olivenöl
Salz und frisch gemahlener schwarzer Pfeffer
250 g Halloumi (Lake-Käse), in dünne Scheiben geschnitten (für Veganer Tempeh aus Soja)
300 g junger Spinat, gründlich gewaschen
1 Hand voll zerpflückte frische Minzeblätter

Für das Püree:

4 EL gemahlene Mandeln
1 EL Granatapfelsirup, ersatzweise 1 EL Balsamessig, mit 4 EL Wasser vermischt
1 TL extrafeiner Zucker
1 TL gemahlner Zimt
1 TL frisch geriebener Ingwer
1 kleine Knoblauchzehe, zerdrückt

Zubereitung

♦ Den Backofen auf 220 °C (Umluft 200 °C) vorheizen. Die Auberginen vom Stielansatz befreien, der Länge nach vierteln und die Segmante mehrfach diagonal einschneiden, ohne die Schale zu beschädigen. Mit Olivenöl bestreichen und mit Salz und Pfeffer bestrreuen. 15–20 Minuten im Ofen braten, bis sie weich und goldbraun sind. Warm halten.

♦ Den Käse in einer Pfanne ohne Fett von beiden Seiten goldbraun braten. Die Zutaten für das Püree im Mörser zu einer weichen Masse zerreiben. Das Püree sollte die Konsistenz von cremigem Hummus (Kichererbsenpüree) haben. Ist es zu dick, kann man es mit zusätzlichem Wasser verdünnen. Den Spinat auf einer Platte ausbreiten, die Auberginensegmente und den Käse darauf anrichten, das Püree darauf oder daneben verteilen. Mit Minze bestreuen und servieren.

Gefüllte Champignons mit Trüffelaroma

Wer Pilze liebt, kommt hier bestimmt auf seine Kosten. Das wunderbar reiche Aroma und die weiche Konsistenz der gefüllten Champignons ist einfach verführerisch.

Zutaten

Für 6 Personen (bei großen Portionen mit je 2 Pilzen: für 3 Personen)

6 mittelgroße Riesenchampignons (Portobelli) von gleicher Größe, zusätzlich 150 g gewöhnliche Champignons
Olivenöl
6 TL plus 1 1/2 EL Trüffelöl
Salz und frisch gemahlener schwarzer Pfeffer
250 g Shiitake (japanische Pilze), Stiele entfernt
5 Knoblauchzehen, in Scheiben geschnitten
125 ml Madeira, Sherry oder Wermut
2 TL frische Thymianblättchen
Etwas frisch geriebene Muskatnuss
50 g frisch geriebener Parmesan
1 Hand voll frische glatte Petersilienblätter

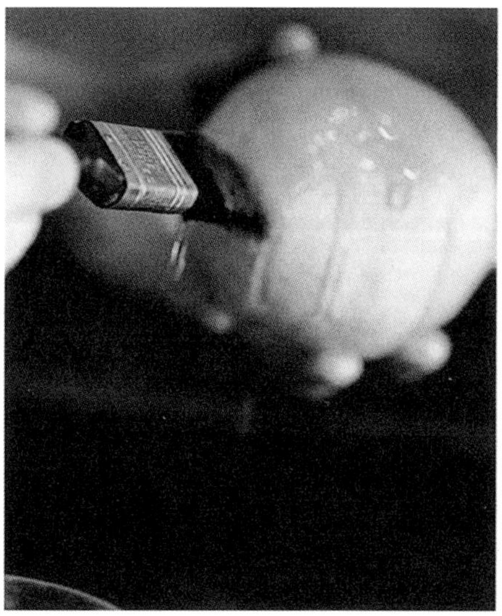

Zubereitung

♦ Den Backofen auf 200 °C (Umluft 180 °C) vorheizen. Die Stiele der sechs Riesenchampignons herausschneiden. Die Hüte großzügig mit Olivenöl bestreichen und mit den Lamellen nach oben auf ein Backblech legen. Je 1 Teelöffel Trüffelöl in die Lamellen träufeln, mit Salz und Pfeffer würzen. Die restlichen Champignons und die Shiitake grob hacken.

♦ Für die Füllung 2 Esslöffel Olivenöl in einer Pfanne erhitzen. Den Knoblauch darin einige Minuten braten, bis er duftet. Die gehackten Pilze, Salz und schwarzen Pfeffer hinzufügen. Bei mittlerer Hitze braten, bis die Pilze zusammengefallen sind. Den Madeira hinzugießen, Thymian und Muskat untermischen und die Flüssigkeit bei starker Hitze nahezu vollständig einkochen, anschließend leicht abkühlen lassen. In der Küchenmaschine mit dem Parmesan, der Petersilie und dem übrigen Trüffelöl pürieren und in die Pilzhüte füllen. Im Ofen 20–30 Minuten backen, bis die Füllung eine hellgoldene Farbe abgenommen hat.

Vorbereiten Die Füllung kann man bis zu 24 Stunden im Voraus zubereiten.

Tipp! Wer eine frische Trüffel bekommt, sollte sie natürlich verwenden: 1 Esslöffel gehobelte Trüffel unter die Füllung mischen und über die fertigen Pilze zusätzlich etwas Trüffel hobeln. Statt Trüffelöl kann man auch 1–2 Esslöffel Trüffelpaste *(Salsa truffina)* verwenden. Eingelegte Trüffeln empfehle ich nicht.

Servieren Zu den gefüllten Champignons schmeckt Polenta besonders gut, insbesondere gegrillt mit »Biss«. Gut harmonieren auch bruschette, geröstete Weißbrotscheiben mit Knoblauch und bestem Olivenöl.

Ein feines Sonntagsessen – Der klassische Sonntagsbraten ist fast schon ein kulinarischer Dinosaurier, aber immer noch beliebt. Die Familie kommt zusammen, man »tratscht« ein bisschen, erzählt alte Geschichten und schwelgt in reichlich gutem Essen. Leider beschränken sich solche Ereignisse heute meist auf die wenigen großen Feiertage, dabei würde man sich jedes Wochenende über ein gutes Essen freuen – ohne anstrengenden Zeitplan, aber mit einigen raffinierten Varianten.
Gebackene Kartoffeln sind ein absolutes Muss für solch ein Essen, und mein Rezept lautet: Kartoffeln schälen, fünf Minuten kochen und abgießen. In einem Bräter schwenken, um sie aufzurauen, mit reichlich Olivenöl überziehen, würzen und bei 220 °C (Umluft 200 °C) 40–50 Minuten backen, bis sie goldbraun und knusprig sind.

Einkauf Ich habe mich hier für ein Winteressen entschieden, was an den typischen, gehaltvolleren Saisonprodukten und den längeren Garzeiten deutlich wird. Für den Einkauf braucht man schon etwas mehr Zeit, gut geplante Vorbereitung ist also notwendig. Bei einer größeren Anzahl von Gästen sollten der Einkauf und vielleicht sogar ein fertig zubereitetes Gericht delegiert werden.

Anrichten Für dieses Essen kann man endlich einmal das Tafelsilber und die schönen Gläser aus dem Schrank holen und den festlich gedeckten Tisch bei Kerzenschein richtig genießen.

Getränke Ein körperreicher Rotwein ist hier genau die richtige Wahl. Ich empfehle einen Shiraz oder Rioja mittlerer Preisklasse.

Serviervorschlag

Kürbisgratin mit Knoblauch & Salbei Seite 80

Ricotta-Nockerln mit Wodka-Steinpilz-Sauce Seite 67

Gebackene Kartoffeln Seite 74

Gedämpfter Brokkoli

Radicchio-Tomaten-Salat mit Balsamessig

Cranberrykuchen mit heißer Toffee-Brandy-Sauce Seite 90

Einfache Spargeltarte

Kreiert habe ich das Rezept einmal für eine große Party mit kleinem Budget, denn es ist preisgünstig (zumindest in der Spargelzeit) und schnell zubereitet. Danach riefen mich viele der Gäste an und baten mich, ein oder zwei Tartes für sie zu backen. Ich hatte nichts dagegen, denn die Zubereitung dauert nur 10 Minuten.

Zutaten

Für 4–8 Personen

Salz

500 g mitteldicke grüne Spargelstangen, die Enden auf gleiche Länge abgeschnitten

2 TL Weichweizengrieß oder Polenta

375 g fertiger Blätterteig (bereits ausgerollt)

2 Eigelb (von Eiern aus Freilandhaltung)

100 ml Crème fraîche oder saure Sahne

Frisch gemahlener schwarzer Pfeffer

60 g frisch geriebener Parmesan

Zubereitung

♦ Den Backofen auf 220 °C (Umluft 200 °C) vorheizen. In einem Topf Wasser mit etwas Salz aufkochen. Den Spargel einlegen und 3 Minuten kochen. Abgießen, unter fließendem kaltem Wasser abkühlen und trockentupfen.

♦ Ein großes Backblech oder zwei kleinere Bleche mit Grieß oder Polenta bestreuen. Den Blätterteig in 2 Rechtecke schneiden und nebeneinander auf das Blech legen. Mit einem scharfen Messer in jedes Teigrechteck einen 1,5 Zentimeter breiten Rand entlang den Teigkanten einschneiden, aber nicht durchschneiden. Die Spargelstangen innerhalb dieser Teigränder nebeneinander auflegen. Dabei die Spargelspitzen abwechselnd in die eine und in die andere Richtung legen, damit sie gleichmäßig auf den Teigböden verteilt sind. Eigelbe, Crème fraîche oder saure Sahne, Salz und Pfeffer in einem Messbecher vermischen und zu gleichen Teilen in die Mitte der beiden Teigflächen gießen. So kann der Teigrand im Ofen aufgehen, ohne dass der Guss über den Rand hinausläuft. Zügig mit dem Parmesan bestreuen und das Backblech sofort in den Ofen schieben.

♦ 20–30 Minuten backen, bis der Teig und der Guss hellgolden sind. Jeweils in 4 Stücke schneiden und warm servieren. Kalte Tartes bei 200 °C (Umluft 180 °C) in 5–7 Minuten aufbacken.

Kartoffelstrudel mit geräuchertem Mozzarella

Für diesen pikanten Strudel kann man ruhig fertigen Blätterteig verwenden – es erleichtert die Arbeit erheblich, wenn er bereits ausgerollt ist. Besonders gut und locker ist Blätterteig aus reiner Butter.

Zutaten

Für 6–8 Personen

Salz

750 g mehlig kochende Kartoffeln, geschält und in Stücke geschnitten

3 kleine Knoblauchzehen

1 TL grobes Meersalz

250 g geräucherter Mozzarella, ersatzweise ein anderer geräucherter Käse, gewürfelt (Kantenlänge 1 cm)

3–4 EL fein gehackte glatte Petersilie

Frisch gemahlener schwarzer Pfeffer

375 g fertiger Blätterteig (bereits ausgerollt)

1 Eigelb, mit 1 EL Milch verrührt, zum Bestreichen

Zubereitung

♦ In einem Topf Wasser zum Kochen bringen und kräftig salzen. Die Kartoffeln hineingeben und 15 Minuten köcheln lassen, bis sie weich sind. Abgießen, zerstampfen und abkühlen lassen. Den Knoblauch mit dem Meersalz im Mörser zu einer Paste zerreiben. Knoblauchpaste, Mozzarella, Petersilie und eine kräftige Prise Pfeffer zu den Kartoffeln geben und alles gut vermischen.

♦ Den Blätterteig auf einem Backblech ausbreiten. Die Kartoffelmischung in einer langen, kompakten Wurst auf einer Längsseite der Teigplatte verteilen, dabei vorn einen schmalen und nach hinten einen ausreichend breiten Teigstreifen frei lassen. Kartoffel»wurst« glatt streichen und den verbleibenden Teig darüber klappen, sodass die Füllung vollkommen eingeschlossen ist. An den Enden die Teigränder fest zusammendrücken und den Strudel rollen, bis er mit der langen Teigkante nach unten auf dem Blech liegt.

♦ Zugedeckt für mindestens 30 Minuten oder bis zu 48 Stunden kalt stellen. Zum Backen den Ofen auf 220 °C (Umluft 200 °C) vorheizen. Den Strudel mit einem scharfen Messer oben im Abstand von 2 Zentimetern quer oder diagonal einschneiden und rundum mit der Ei-Milch-Mischung bestreichen. Im Ofen 30–40 Minuten backen, bis der Strudel goldgelb und knusprig ist. Mindestens 5 Minuten abkühlen lassen. An den Einschnitten in Scheiben schneiden.

Zwiebel-Ricotta-Kuchen mit Cranberries und Salbei

Das ist meine Version von Viana La Places *tortino di cipolla* aus ihrem großartigen Kochbuch mit italienischen Gemüserezepten. Ich habe es mit Cranberries abgewandelt – sie schmecken sehr weihnachtlich und bilden einen wunderbar säuerlichen Kontrast zu den süßen Zwiebeln. Sind Cranberries schwer zu bekommen, lässt man sie einfach weg.

Zutaten

1 kg frischer Ricotta
3 EL Olivenöl, zusätzlich Öl für die Form und zum Beträufeln
350 g Zwiebeln, gehackt
4 Knoblauchzehen, gehackt
10 frische Salbeiblätter, grob gehackt
4 Eier aus Freilandhaltung, verquirlt
6 EL frisch geriebener Parmesan
Salz
Frisch gemahlener schwarzer Pfeffer
150 g frische oder Tiefkühl-Cranberries
50 g Cracker, fein zerkrümelt
Einige frische ganze Salbeiblätter zum Garnieren (nach Belieben)

Zubereitung

◆ Den Backofen auf 190 °C (Umluft 170 °C) vorheizen. Den Ricotta in ein Sieb legen und über einer Schüssel abtropfen lassen.

◆ Das Olivenöl in einer großen Pfanne bei niedriger Temperatur erhitzen. Die Zwiebeln darin langsam sehr weich werden lassen, aber nicht bräunen, dabei häufig durchrühren. Den Knoblauch und Salbei 1–2 Minuten mitbraten, bis sie duften.

◆ Den abgetropften Ricotta, die Eier, den Parmesan, Salz und Pfeffer zu einer cremigen Masse verrühren (am besten in der Küchenmaschine). Die Zwiebeln und Cranberries gleichmäßig untermischen.

◆ Eine Springform mit 22 Zentimeter Durchmesser großzügig mit Olivenöl einfetten. Den Boden und den Rand der Form mit den zerkrümelten Crackern bestreuen. Die Ricottamischung hineingießen und mit einem Spatel glatt streichen. Mit den ganzen Salbeiblättern belegen und die gesamte Oberfläche (vor allem den Salbei) mit etwas Olivenöl beträufeln.

◆ Die Form auf ein Backblech setzen, in den vorgeheizten Ofen schieben und den Kuchen 45 Minuten backen, bis er schön fest und goldgelb ist. Etwa 10 Minuten abkühlen lassen. Auf eine Servierplatte setzen und warm oder kalt servieren.

Vorbereiten

Den Kuchen kann man bis zu 24 Stunden im Voraus zubereiten: abkühlen lassen und zugedeckt in den Kühlschrank stellen. Soll der Kuchen aufgebacken werden, vorher auf Raumtemperatur erwärmen.

Tipp!

Ricotta sollte man in einem italienischen Feinkostgeschäft oder einem guten Käseladen kaufen. Er ist dann weniger feucht und eignet sich besser zum Backen.

Servieren

Dazu passen die klassischen Beilagen für einen Braten.

Kürbisgratin mit Knoblauch und Salbei

Ein außergewöhnliches Gericht, das Ihre Gäste lieben werden. Am besten verwenden Sie eine Kürbissorte mit intensiv orangefarbenem, cremigem Fleisch. Butternuss-, Hubbard- oder Moschuskürbis sind alle eine gute Wahl.

Zutaten

Für 4–6 Personen

2 Butternusskürbisse oder eine andere Kürbissorte mit süßem Fleisch (etwa 2 kg Fleisch)
8 Knoblauchzehen
8 frische Salbeiblätter
3 EL natives Olivenöl extra
250 g Greyerzer, gewürfelt (Kantenlänge 1 cm)
Salz und frisch gemahlener schwarzer Pfeffer

Zubereitung

♦ Den Backofen auf 220 °C (Umluft 200 °C) vorheizen. Den Stielansatz der Kürbisse wegschneiden und die Kürbisse mit einem Sparschäler oder einem scharfen Messer schälen (dies ist jetzt sehr viel einfacher als nach dem Garen). Die Kürbisse längs halbieren, die Samen und Fasern mit einem Löffel herauslösen. Die Kürbishälften mit der Höhlung nach oben auf ein Backblech legen. 2 Knoblauchzehen und 2 Salbeiblätter in jede Höhlung legen und mit 2 Teelöffeln Olivenöl beträufeln, anschließend das Kürbisfleisch rundum mit Olivenöl bestreichen. Im vorgeheizten Ofen 30–40 Minuten backen, bis das Fleisch weich und an den Rändern leicht gebräunt ist. Etwas abkühlen lassen.

♦ Das Kürbisfleisch mit dem gebratenen Knoblauch und Salbei in einer Schüssel mit einem Kartoffelstampfer grob zerdrücken – eventuell portionsweise arbeiten. Den gewürfelten Greyerzer untermischen, mit Salz und Pfeffer würzen. Die Masse in eine hübsche gefettete Gratinform füllen. 15–20 Minuten im Ofen backen, bis die Oberfläche eine schöne goldbraune Farbe angenommen hat. Sofort servieren.

Vorbereiten

Den Kürbis einen Tag im Voraus im Ofen backen.

Tipp!

Wer keinen guten Kürbis bekommt, kann auch rote Süßkartoffeln verwenden. Diese bei gleicher Temperatur mit der Schale backen, Knoblauch und Salbei erst in den letzten 20 Minuten hinzugeben. Die Süßkartoffeln abkühlen lassen und vor dem Zerstampfen schälen.

Servieren

Dazu passen klassische Beilagen wie Salat und gedämpftes grünes Gemüse.

5

Desserts

Kleine Süßspeisen und verführerische Leckereien

Karamellisierte Kastanien in Cognacsauce mit Schokoladeneis

Tropisches Meringue-Sahne-Dessert + Meringue-Sahne-Dessert mit Erdbeeren

Rhabarbersuppe mit Ingwer-Baisers

Limetteneiscreme

Cranberrykuchen mit heißer Toffee-Brandy-Sauce

Gegrillte gefüllte Pfirsiche

Kleine Baisers mit Sahne und Zitronencreme

Schokoladencreme mit Erdbeergarnitur

Schokoladen-Käse-Kuchen mit kandierten Pekannüssen

Als ob man die Gäste nicht schon genug verwöhnt hätte, folgt nun noch das Dessert. Dabei darf man ruhig aus dem Vollen schöpfen, denn immerhin handelt es sich um das große Finale eines feinen Essens. Alle Gäste sollten das Gefühl haben, sich ohne jede Sorge den süßen Genüssen hingeben zu dürfen – auch wenn sie vorher glaubten, keinen Bissen mehr essen zu können. Desserts bringen in uns allen das vernaschte Kind zum Vorschein.

Bei einer Cocktailparty mit kleinen Häppchen sind süße Leckereien gegen Ende des Abends genau die richtige Verführung, sie können außerdem signalisieren, dass die Party sich ihrem Ende nähert. Man kann zum Beispiel kleine Baisers mit Sahne und Zitronencreme (siehe Seite 96) servieren oder einen Schokoladen-Käse-Kuchen mit kandierten Pekannüssen (siehe Seite 98) auf einem großen Backblech zubereiten und in mundgerechte kleine Portionen schneiden.

Bei einer großen Gästeschar empfehle ich Rhabarbersuppe mit Ingwer-Baisers (siehe Seite 88) oder eine Variante des Meringue-Sahne-Desserts (siehe Seite 87). Wer nicht genügend Zeit hat, kann auch einfach einen großen, delikaten, reifen Käse kaufen (oder auch zwei oder drei, aber mehr ist zu viel) und feine Cracker dazu reichen Viele kleine Stücke verschiedener Käse sollte man jedoch vermeiden, da die Käseplatte sonst schnell unappetitlich aussieht und die Gäste glauben, sich nur ein kleines Stück nehmen zu können. Ermutigen Sie Ihre Gäste lieber dazu, den kulinarischen Verführungen zu erliegen.

Karamellisierte Kastanien in Cognacsauce mit Schokoladeneis

»Marrons caramelises au cognac« – auf Französisch klingt es einfach noch verführerischer – verwandeln im Nu eine einfache Eiscreme in ein absolut unvergessliches Dessert. Außerdem ist dies die ideale Nachspeise, wenn es einmal schnell gehen muss.

Zutaten

Für 4–6 Personen

250 g ganze gegarte und geschälte Esskastanien (vakuumverpackt oder in Dosen erhältlich)
4 EL gesalzene Butter (etwa 50 g)
3 EL Zucker
100 ml Cognac oder Weinbrand
Schokoladeneiscreme zum Servieren

Zubereitung

♦ Die Kastanien vorsichtig voneinander trennen. In einer Pfanne die Butter bei mittlerer Hitze zerlassen und die Kastanien darin 2 Minuten leicht anbraten. Den Zucker einstreuen, unterrühren und etwa 1 Minute kochen, bis er sich löst. Den Cognac in die Pfanne gießen, sofort rühren und den Herd ausschalten. Stehen lassen, bis Kastanien und Sauce nur noch warm sind. Mit einem Löffel über das angerichtete Eis schöpfen.

Vorbereiten

Dies ist ein Rezept für die letzte Minute, aber Kastanien und Cognac muss man natürlich im Haus haben.

Tipp!

Die Kastanien sollte man gleich nach dem Hauptgang zubereiten. Während sie abkühlen und die Sauce ein wenig eindickt, bekommt man auch wieder Appetit auf diese Leckerei. (Bei einem sehr effizienten Tiefkühlfach sollte man das Eis rechtzeitig herausnehmen, damit es etwas weicher wird.)

Servieren

Auch Vanilleeiscreme passt wunderbar zu den Kastanien.

Tropisches Meringue-Sahne-Dessert

»Eton Mess« heißt dieses ideale Dessert für eine große Anzahl von Gästen, denn es wird traditionell am 4. Juni, dem Gründungstag des renommierten englischen Eton College, zu den Feierlichkeiten serviert. Die klassische Variante bereitet man mit Erdbeeren. Hier sind meine beiden attraktivsten Versionen.

Zutaten

Für 8 Personen

8 kleine Meringue-Torteletteböden
600 ml Sahne
4 EL weißer Rum (nach Belieben)
1 Papaya, geschält, Samen entfernt, gehackt
1 kleine Mango, geschält, das Fruchtfleisch gehackt
1 Baby-Ananas, geschält, von der holzigen Mitte befreit und gehackt, ersatzweise 500 g gewöhnliches frisches Ananasfleisch
2 reife Passionsfrüchte

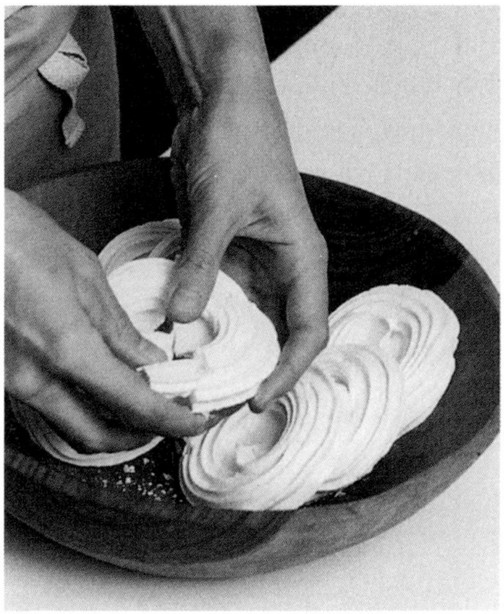

Zubereitung

♦ Die Meringueböden in einer großen Schüssel in mundgerechte Stücke brechen. Die Sahne steif schlagen (nicht zu lange schlagen) und den Rum unterziehen.

♦ Erst kurz vor dem Servieren die Schlagsahne auf die Meringuestückchen häufen und beides behutsam vermischen. In eine Servierschüssel füllen und mit den vorbereiteten Früchten garnieren. Die Passionsfrüchte aufschneiden und die Samen mit dem Fruchtfleisch über die Mango verteilen.

Meringue-Sahne-Dessert mit Erdbeeren

— Das Dessert wie oben beschrieben zubereiten, die tropischen Früchte jedoch durch 500 Gramm Erdbeeren (große Exemplare halbieren) ersetzen. Statt des Rums 4 Esslöffel Rosenwasser unter die Sahne heben. Zusätzlich Erdbeeren in einer Schale reichen.

Rhabarbersuppe mit Ingwer-Baisers

Auch diese Rhabarbersuppe eignet sich für eine größere Schar von Gästen – man kann sie gut portionieren, und die Gäste können sich leicht selbst bedienen. Sehr schön sieht sie in einer weiten Servierschüssel aus.

Zutaten

Für 10–12 Personen

2 kg Rhabarber, von den Enden befreit, geschält und in 1 cm lange Stücke geschnitten
250 g extrafeiner Zucker
Crème fraîche oder dicker, cremiger Joghurt zum Servieren

Für die Baisers:

3 Eiweiß (von Eiern aus Freilandhaltung)
175 g extrafeiner Zucker
1 TL Maisstärke
1/2 TL Essig
50 g kandierter Ingwer, gehackt

Zubereitung

♦ Den Rhabarber mit dem Zucker und 400 Milliliter Wasser in einen Topf füllen, zugedeckt aufkochen und 20–30 Minuten köcheln lassen, bis ein leicht eingedicktes Kompott entstanden ist. In eine Schüssel gießen, abkühlen lassen und kalt stellen.

♦ Für die Baisers den Backofen auf 120 °C vorheizen, ein großes Backblech mit Backpapier auslegen. Die Eiweiße steif schlagen, dabei den Zucker esslöffelweise einrieseln lassen und weiterschlagen, bis der Eischnee steife Spitzen bildet und glänzt. Die Maisstärke, den Essig und den Ingwer untermischen. Etwa eigroße Häufchen der Baisermasse auf das Backblech setzen und genügend Platz dazwischen lassen. Im Ofen 30 Minuten backen, bis sie von außen fest, im Innern aber noch klebrig-weich sind. Auf dem Blech abkühlen lassen, dann mit einem Palettmesser vom Backpapier lösen.

♦ Die Suppe in eine Schale füllen und die Baisers darauf setzen. Dazu Crème fraîche oder Joghurt reichen.

Limetteneiscreme

Die herrlich duftenden Blätter der Kaffirlimette verleihen dieser Eiscreme ein wunderbar zartes Zitrusaroma. Wer keine Kaffirlimettenblätter bekommt, kann diese ebenso einfache wie delikate Eiscreme auch nur mit Limetten- oder Zitronensaft zubereiten. Eine Eismaschine ist nicht nötig, nur ein Tiefkühlfach.

Zutaten

Für 10–12 Personen

600 ml Sahne

600 ml Vollmilch

350 g extrafeiner Zucker

6 Kaffirlimettenblätter

150 ml frisch gepresster Limettensaft

Abgeriebene Schale von 2 unbehandelten Limetten

Zubereitung

♦ Die Sahne mit der Milch und 225 Gramm Zucker in einen großen, gefriergeeigneten Kunststoffbehälter gießen und gründlich verrühren, bis sich der Zucker vollständig gelöst hat. Den Behälter gut verschließen und ins Tiefkühlfach stellen.

♦ Die Limettenblätter von den harten Stielen befreien und im Mörser zerreiben, damit sich das duftende Aroma der ätherischen Öle entfalten kann. Alternativ die Blätter mit einem Nudelholz zerkleinern. Limettensaft und -schale, Limettenblätter und den restlichen Zucker wiederum in einem gefriergeeigneten kleinen Kunststoffbehälter verrühren, bis sich der Zucker gelöst hat. Zugedeckt ins Tiefkühlfach stellen.

♦ Beide Behälter etwa 3 Stunden im Tiefkühlfach belassen – die Sahnemischung sollte die Konsistenz eines Milchshakes haben. Die Limettenmischung gründlich in die Sahnemischung einrühren und dabei entstandene Eiskristalle vom Rand des Behälters kratzen. Im Tiefkühlfach fest gefrieren lassen. Die Eiscreme wird sehr hart, darum etwa 1 Stunde vor dem Servieren im Kühlschrank leicht antauen lassen.

Cranberrykuchen mit heißer Toffee-Brandy-Sauce

Dieser verführerische Kuchen ist die perfekte leichte Alternative zu einer schweren Weihnachtstorte oder einem aufwendigen Kürbiskuchen. Säuerliche Früchte und Nüsse werden in der Form mit einem fein aromatisierten Teig übergossen und nach dem Backen mit beschwipster heißer Toffeesauce getränkt.

Zutaten

Für 8–10 Personen

500 g frische oder Tiefkühl-Cranberries
85 g Butter, zerlassen, zusätzlich Butter für die Form
200 g extrafeiner Zucker
150 g gehackte Pekannüsse
1 Ei aus Freilandhaltung, verquirlt
60 g Mehl
1 TL Kardamomsamen, im Mörser zerrieben
3 EL grober hellbrauner Zucker

Für die Sauce:

180 g dunkelbrauner Zucker
115 g Butter
125 ml Sahne
3 EL Weinbrand (Brandy)

Zubereitung

♦ Den Backofen auf 180 °C (Umluft 160 °C) vorheizen. Die Cranberries waschen und gut abtropfen lassen. Eine Springform (24 cm Durchmesser) mit Butter einfetten und den Boden mit Backpapier auslegen. Die Cranberries in die Form geben, mit 100 Gramm Zucker und den Pekannüssen bestreuen und alles gut vermischen.

♦ Für den Teig das Ei mit dem restlichen Zucker in einer Schüssel schaumig rühren. Das Mehl, die zerlassene Butter und den Kardamom gut untermischen. Gleichmäßig über die Cranberrymischung gießen und den groben Zucker darüber streuen. Im vorgeheizten Ofen 40–45 Minuten backen. In der Form auskühlen lassen.

♦ Für die Sauce den Zucker mit der Butter und der Sahne in einen Topf geben. Unter Rühren schwach erhitzen, bis sich der Zucker vollständig gelöst hat und die Sauce Bläschen wirft. Vom Herd nehmen und den Weinbrand einrühren.

♦ Den Kuchen mit einem scharfen Messer aus der Springform lösen, aber auf dem Formboden belassen. In Tortenstücke schneiden und warm oder kalt mit der heißen Toffee-Brandy-Sauce servieren.

Vorbereiten

Der Cranberrykuchen kann 8 Stunden im Voraus gebacken werden. Die Sauce kann man sogar 48 Stunden vorher zubereiten: einfach zugedeckt kalt stellen und vor dem Servieren erwärmen.

Tipp!

Cranberries haben nur eine kurze Zeit Saison, aber sie lassen sich sehr gut einfrieren. Also sollte man sie frisch gekauft einfrieren, dann kann man dieses Dessert jederzeit zubereiten.

Ein Gartenfest am Nachmittag – Bei einem Gartenfest zum Tee oder Kaffee kommt die ganze Familie mit Kindern, Eltern und Großeltern zusammen. Aber es ist auch eine gute Gelegenheit, Gäste einzuladen, die sich nicht so gut kennen. An einem sonnigen Nachmittag kann man gemütlich zusammen essen und ein wenig plaudern.

Die Speisenauswahl für ein Gartenfest zum Kaffee oder Tee darf verschwenderisch ausfallen. Für eine einfache Zusammenstellung sind die Gurken-Sandwiches mit Kräuter-Mascarpone (siehe Seite 15) oder die Spargeltarte (siehe Seite 76) gerade richtig, dazu eine der drei rechts vorgeschlagenen Süßspeisen. Vom Konditor holen Sie zusätzlich ein wenig Kleingebäck – das müssen Sie nicht selber backen. Und vergessen Sie nicht, Schlagsahne, Butter und Konfitüre zu servieren.

Einkauf Der Tisch sollte schön dekoriert sein. Am besten besorgt man Blumen, viel Obst und reichlich Milch und Zuckerwürfel oder Kandis für den Tee.

Getränke Nicht alle mögen Kaffee oder schwarzen Tee, darum sollte man einige Kräutertees bereithalten. Auch grüner Tee schmeckt wunderbar, doch er enthält ebenfalls Tein. Für einen guten Tee wärmt man die Kanne mit etwas heißem Wasser vor. Schwarzer Tee wird mit kochend heißem Wasser aufgegossen, für grünen Tee lässt man das Wasser auf etwa 70 °C abkühlen. Für alle, die schwächeren Tee bevorzugen, stellt man eine Kanne mit heißem Wasser bereit.

Anrichten Hat man nur ein kleines Tee- oder Kaffeeservice, kann man Freunde bitten, zusätzliche Tassen und Untertassen mitzubringen. Solch eine bunte Geschirr-Mixtur sorgt für eine besonders fröhliche Tischdekoration.

Serviervorschlag

Gurken-Sandwich mit Kräuter-Mascarpone Seite 15

Spargeltarte Seite 76

Schokoladencreme mit Erdbeergarnitur Seite 97

Kleine Baisers mit Sahne und Zitronencreme Seite 96

Apfel-Marzipan-Muffins Seite 142

Gegrillte gefüllte Pfirsiche

Gute Pfirsiche sind mitunter schwer zu bekommen. Manchmal sehen sie zwar perfekt aus, wurden jedoch unreif gepflückt und schmecken sauer. Am besten kauft man sie auf dem Markt und probiert vorher ein Stück: Es sollte saftig und süß sein. Weiße Pfirsiche sind oft die besten.

Zutaten

Für 6 Personen

3 reife Pfirsiche, halbiert und entsteint
1 EL Zucker
Beste Vanilleeiscreme zum Servieren

Für die Füllung:

2 EL weiche Butter (etwa 25 g)
25 g geschälte Pistazien, fein gehackt
2 EL Zucker
3 EL Weinbrand
1 Prise gemahlene Gewürznelken
1 EL gehackter kandierter Ingwer

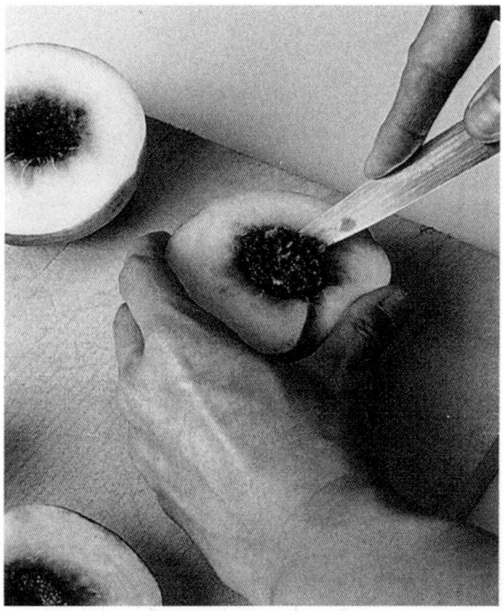

Zubereitung ♦ Den Grill auf höchster Stufe vorheizen. Die Zutaten für die Füllung sorgfältig vermischen. Die Pfirsichhälften in eine feuerfeste Form setzen, die Füllung gleichmäßig in die Hälften verteilen und mit Zucker bestreuen. Für 7–8 Minuten unter den Grill schieben, bis die Füllung goldbraun und der Zucker geschmolzen ist. Die Pfirsichhälften jeweils mit einer kleinen Portion Vanilleeis servieren.

Vorbereiten Die Pfirsiche können bis zu 4 Stunden früher vorbereitet werden: Die Pfirsichhälften zugedeckt kalt stellen und vor dem Grillen Raumtemperatur annehmen lassen.

Tipp! Für Veganer wird die Butter durch Margarine ersetzt. Der Stein muss sich unbedingt leicht aus den Pfirsichen lösen lassen, damit man diese gut füllen kann. Pfirsiche darf man nicht im Kühlschrank aufbewahren, ihr Fleisch verliert sonst an Geschmack und Konsistenz.

Servieren Die Vanilleeiscreme passt ideal zu den Pfirsichen, doch man kann auch cremig gerührten Joghurt oder Crème fraîche verwenden.

Kleine Baisers mit Sahne und Zitronencreme

Diese Baisers kann man als mundgerechte kleine Kanapees zubereiten oder etwas größer als leichtes Dessert. Die Baisermasse kann bis zu 2 Tage im Voraus aufgeschlagen und im Kühlschrank kalt gestellt werden.

Zutaten

Für 8 Personen

150–200 ml Zitronencreme (als »lemon curd« im Feinkostgeschäft erhältlich)
250–300 ml Crème fraîche, saure Sahne oder leicht geschlagene süße Sahne
Granatapfelsamen, rote Johannisbeeren und/oder Heidelbeeren zum Garnieren
Puderzucker zum Bestäuben

Für die Baisers:

6 Eiweiß (von Eiern aus Freilandhaltung), raumtemperiert
1 Prise Salz
375 g extrafeiner Zucker
2 TL Maisstärke
1 TL Essig

Zubereitung

♦ Die Baisermasse zubereiten, wie auf Seite 88 beschrieben, den Ingwer jedoch weglassen. Ein Backblech mit Backpapier auslegen. Die Baisermasse in etwa eigroßen Häufchen darauf setzen, genügend Abstand dazwischen lassen. (Für mundgerechte Kanapees die Portionen noch kleiner bemessen.) Die Baisers ein wenig flach drücken, sie sollten aber eine unregelmäßige Form behalten.

♦ Im vorgeheizten Ofen 30–40 Minuten backen, bis die Baisers von außen fest, im Innern aber noch klebrig-weich sind. Auf dem Blech vollständig auskühlen lassen. Die Baisers mit einem Palettmesser vom Backpapier lösen und auf eine Platte setzen. Je 1 Teelöffel Zitronencreme darauf häufen und mit ein wenig Crème fraîche, saure oder geschlagene süße Sahne krönen. Mit Granatapfelsamen, roten Johannisbeeren und/oder Heidelbeeren garnieren, mit Puderzucker bestäuben und sofort servieren.

Schokoladencreme mit Erdbeergarnitur

Dieses feine Dessert wird man auch nach einem reichhaltigen Essen noch genießen, denn es handelt sich um kleine Portionen einer unwiderstehlichen Verführung. Zubereitet werden sie bis zu 8 Stunden vorher.

Zutaten

Für 10 Personen

1 großer Apfel, um die Erdbeeren zu befestigen
200 g beste weiße Schokolade, grob zerkleinert
10 gleich große Erdbeeren, Stielansatz entfernt
10 silberfarbene Zuckerperlen
250 g beste Halbbitterschokolade, grob zerkleinert
4 EL Butter in Flöckchen
300 ml Sahne

Zubereitung

♦ Eine dünne Scheibe vom unteren Teil des Apfels wegschneiden, damit er auf einem Teller stehen bleibt und man die Erdbeeren hineinstecken kann. Im Kühlschrank genügend Platz für den Teller frei räumen. Die weiße Schokolade in einer Schale im heißen Wasserbad schmelzen. Eine Erdbeere am Stielende auf ein Cocktailspießchen stecken und mit der Spitze bis zur Hälfte in die Schokolade tauchen. Eine Zuckerperle auf der Spitze der Erdbeere in die Schokolade drücken. Die Erdbeere mit dem Cocktailspießchen in den Apfel stecken. Mit den übrigen Erdbeeren ebenso verfahren. Im Kühlschrank kalt stellen.

♦ 10 kleine Gläschen oder Dessertschalen bereitstellen. Die Halbbitterschokolade mit der Butter und der Sahne in einen Topf füllen und schwach erhitzen. So lange rühren, bis eine vollkommen glatte Masse entstanden ist. Vom Herd nehmen. (Wird die Mischung versehentlich zu heiß und gerinnt, rasch mit weiterer Sahne abkühlen.) Die Creme in die Gläschen oder Schalen verteilen und je 1 Erdbeere mit der weißen Spitze nach oben hineinsetzen. Für etwa 30 Minuten kalt stellen, bis die Creme fest ist. Vor dem Servieren Raumtemperatur annehmen lassen.

Schokoladen-Käse-Kuchen mit kandierten Pekannüssen

Diesen Kuchen habe ich für den 70. Geburtstag meiner Mutter kreiert. Er sollte Schokolade und Nüsse aufs Köstlichste vereinen, denn diese Kombination mag sie am liebsten – und sie war nicht enttäuscht.

Zutaten

Für den Boden:
200 g Vollkornkekse mit Schokoladenüberzug
4 EL Butter, zerlassen
2 EL ungesüßtes Kakaopulver

Für die Füllung:
250 g beste Halbbitterschokolade, grob zerkleinert
450 g Doppelrahmfrischkäse
280 g Mascarpone
2 TL Vanille-Essenz
200 g extrafeiner Zucker
2 Eier aus Freilandhaltung

Für den Pekannussbelag:
150 g Pekannusshälften
2 EL Zucker
50 g beste Halbbitterschokolade, grob zerkleinert

Zubereitung

◆ Den Backofen auf 180 °C (Umluft 160 °C) vorheizen. Die Vollkornkekse in der Küchenmaschine zerkleinern. Die zerlassene Butter und das Kakaopulver untermischen und die Masse in eine Springform (24 cm Durchmesser) füllen. Mit der Rückseite eines Löffels flach drücken, sodass ein kompakter, glatter Boden entsteht. Den Kuchenboden 10 Minuten im Ofen backen, herausnehmen und abkühlen lassen. Die Ofentemperatur auf 160 °C (Umluft 140 °C) reduzieren.

◆ Die Schokolade für die Füllung in einer hitzebeständigen Schüssel im heißen Wasserbad oder in der Mikrowelle schmelzen. Den Frischkäse mit dem Mascarpone cremig rühren und dabei nach und nach die Vanille-Essenz, den Zucker und die beiden Eier hinzufügen. Die Hälfte der Füllung auf dem Kuchenboden verstreichen. Die geschmolzene Schokolade mit der restlichen Füllung zu einer glatten Masse vermischen. Sie ist deutlich dicker als die helle Füllung. Die Schokoladenmasse mit einem Löffel in Häufchen auf die helle Füllung setzen und beide Schichten mit einem scharfen Messer im Zickzackmuster locker vermischen. Im Ofen 30–40 Minuten backen, bis die Füllung gerade fest ist. Beim Herausnehmen wackelt sie noch leicht, wird im Kühlschrank jedoch fest.

◆ Den Kuchen in der Form auf einem Kuchengitter abkühlen lassen. Für mindestens 3 Stunden oder über Nacht in den Kühlschrank stellen. Inzwischen die Pekannüsse in einer Pfanne bei mittlerer Hitze ohne Fett rösten. Den Zucker darüber streuen und so lange rühren, bis die Nüsse gebräunt sind und der Zucker karamellisiert ist. Abkühlen lassen.

◆ Den Kuchenrand mit einem Messer von der Form lösen und den Kuchen samt dem Formboden auf eine große Servierplatte setzen. Die Schokolade für den Belag schmelzen. Die kandierten Pekannüsse über den Kuchen streuen und mit der geschmolzenen Schokolade beträufeln, sodass die Nüsse auf der Oberfläche zusammengehalten werden. Den Kuchen im Kühlschrank kalt stellen. Vor dem Servieren Raumtemperatur annehmen lassen. Ein scharfes Messer in heißes Wasser tauchen, trockentupfen und den Kuchen zügig in Tortenstücke schneiden.

Tipp!

Der Kuchen eignet sich auch für süße Kanapees: In einer rechteckigen Form backen, kalt stellen, in kleine Quadrate schneiden und auseinander schieben. Die Quadrate mit kandierten Pekannüssen und Schokolade garnieren und auf einer Glasplatte anrichten.

6

In letzter Minute

Schnelle Gerichte mit Zutaten aus dem Vorratsschrank

Saure Nudel-Gemüse-Suppe mit Chiliöl

Soufflé-Omelett mit Artischocken

Ganz schnelle Pastasaucen

Reisnudeln und Gemüse aus dem Wok

Bulgur in würziger Tomatensauce

Eiercurry nach Kerala-Art

Spontane Feste können zu den schönsten Ereignissen im Leben gehören. In diesem Kapitel geht es um jene unerwarteten Momente – wenn alte Freunde ohne Vorwarnung in der Stadt auftauchen, wenn das Wetter so schön ist, dass man einige Kollegen zum Essen im Garten einladen möchte ... wenn man keine Zeit mehr für den Einkauf hatte, aber ein paar hungrige Gäste zum Essen bleiben. Auch eine wohlschmeckende Last-Minute-Mahlzeit lässt sich nicht aus dem Hut zaubern, doch bei einem gut bestückten Vorratsschrank kann man immer etwas Feines auf den Tisch bringen. Ein paar Tipps für solche Fälle finden Sie auf Seite 11. Nehmen Sie dieses Buch auch ruhig zum Einkaufen mit und stocken Sie Ihre Vorräte ein wenig auf. Sollten dann unerwartet Gäste vor der Tür stehen, holen Sie einfach ein paar schmackhafte Kleinigkeiten aus dem Regal und bereiten daraus etwa eine Mahlzeit mit Couscous und Kichererbsen in Zitronen-Olivenöl-Dressing.

Hier ein paar besonders schnelle Ideen:

Pikanter Soba-Salat Japanische Soba-Nudeln garen und unter fließendem kaltem Wasser abschrecken. Für ein Dressing Sesamöl, Sojasauce, gehackte Chilischote und Frühlingszwiebeln verrühren und unter die Nudeln mischen. Mit Limettenspalten servieren.

Steinpilz-Polenta Eine weiche Instant-Polenta nach Packungsanweisung zubereiten. Dafür auch das Wasser verwenden, in dem zuvor 1 Hand voll getrocknete Steinpilze 10 Minuten eingeweicht wurden. Die Steinpilze ebenfalls zufügen. Zuletzt reichlich Butter und Parmesan untermischen.

Feigen-Walnuss-Pasta Pasta kochen. Inzwischen einige Zwiebeln in Olivenöl weich schwitzen. Die Pasta abgießen und sofort gehackte getrocknete Feigen, gehackte Walnüsse, gewürfelten Blauschimmelkäse und die noch heißen Zwiebeln untermischen.

Safran-Aïoli 1 Knoblauchzehe mit etwas Salz zu einer Paste zermahlen. 2 Prisen Safranfäden in 1 Teelöffel heißem Wasser einweichen, mit 1 Spritzer Zitronensaft und 3–4 gehäuften Dessertlöffeln Mayonnaise unter den Knoblauch mischen. Mit Kartoffeln und gedämpftem Gemüse servieren.

Saure Nudel-Gemüse-Suppe mit Chiliöl vegan

Dicke japanische Udon-Nudeln erhält man im Handel bereits gegart und vakuumverpackt und kann daraus ganz schnelle Suppen und pfannengerührte Gerichte zubereiten. Zu dieser Brühe passen sie besonders gut, doch eignen sich auch getrocknete japanische Ramen- oder Eiernudeln, mit dem Gemüse in der Brühe gegart.

Zutaten

Für 4–6 Personen

500 g gemischtes Tiefkühlgemüse, etwa Brokkoli, Weißkohl, Blumenkohl, Erbsen und Zucchini
6 EL dunkle Sojasauce
6 EL frisch gepresster Limettensaft oder japanischer Reisessig oder eine Mischung daraus
2 EL Zucker
3 cm frische Ingwerwurzel, fein gerieben
400 g japanische Udon-Nudeln oder andere vorgegarte Nudeln

Für das Chiliöl:

1 frische rote Chilischote, von Stielansatz, Samen und Scheidewänden befreit, grob gehackt
1 Knoblauchzehe
1/2 TL grobes Meersalz
2 EL Sesamöl

Zubereitung

◆ Wasser in einem Kessel zum Kochen bringen. In der Zwischenzeit für das Chiliöl die Chilischote mit dem Knoblauch und dem Salz in einem Mörser zu einer Paste zerreiben. Das Sesamöl untermischen und beiseite stellen.

◆ In einen Topf 1 Liter kochend heißes Wasser (aus dem Kessel) gießen, das Gemüse hineingeben und das Wasser wieder zum Kochen bringen. Die Sojasauce, den Limettensaft oder Reisessig, Zucker und Ingwer einrühren. Köcheln lassen, bis das Gemüse weich ist. Die Nudeln hinzufügen und 1 Minute mitgaren, sodass sie durch und durch heiß sind.

◆ Die Suppe in einzelne Suppenschalen verteilen, mit dem Chiliöl beträufeln und sofort servieren.

Soufflé-Omelett mit Artischocken

Dieses außergewöhnliche Omelett macht bei Ihren Gästen bestimmt großen Eindruck – vor allem, weil es sich fast mühelos bereiten lässt. Man kann es mit Salat oder einfach so servieren.

Zutaten

Für 2–4 Personen

5 Eier aus Freilandhaltung, getrennt
2 ganze Eier aus Freilandhaltung
125 g Artischockenherzen in Öl, abgetropft und in Scheiben geschnitten
50 g frisch geriebener Parmesan
10 frische Basilikumblätter, zerpflückt
Salz und frisch gemahlener Pfeffer
1 EL Butter (etwa 15 g)
2 EL Olivenöl

Zubereitung

♦ Mit einer Gabel die 5 Eigelbe und die beiden ganzen Eier in einer großen Schüssel leicht schaumig schlagen. Die Eiweiße mit dem Handrührgerät in einer zweiten Schüssel steif schlagen und mit dem Gummispatel vorsichtig unter den Eigelbschaum heben, sodass der Eischnee locker und luftig bleibt. Die Artischocken, den Parmesan, das Basilikum sowie Salz und Pfeffer ebenfalls sehr vorsichtig unterheben, der Eischnee soll nicht an Volumen verlieren.

♦ Die Butter mit dem Olivenöl in einer großen, beschichteten Pfanne bei mittlerer Hitze zerlassen. Die Soufflémasse in die Pfanne gießen und etwa 5 Minuten braten, bis das Omelett von unten goldgelb und knusprig ist. Je nach Größe der Pfanne kann es schwierig werden, das Omelett mit einem Spatel zu wenden. Darum das Omelett auf einen großen Teller gleiten lassen, überschüssiges Öl aus der Pfanne gießen, um Verbrennungen vorzubeugen. Die Pfanne über das Omelett stürzen und mit dem Teller zügig umdrehen. Den Teller entfernen und das Omelett weitere 1–2 Minuten braten, bis es auch von der anderen Seite fest ist. Auf eine vorgewärmte Servierplatte gleiten lassen, wie eine Torte aufschneiden und sofort servieren.

Ganz schnelle Pastasaucen

Diese Saucen sind schneller zubereitet als die frisch gekochte Pasta und natürlich viel besser als jede Fertigsauce. Frische Pasta lässt sich übrigens hervorragend einfrieren, sodass man sie immer vorrätig haben kann.

Spinatsauce mit Zitrone

Zutaten

Für 4 Personen

Salz
Pasta nach Wahl
4 EL Olivenöl
2 Knoblauchzehen, zerdrückt
1 kleine, frische rote Chilischote, von Stielansatz, Samen und Scheidewänden befreit und gehackt oder 1/4 TL getrocknete Chiliflocken
300 g frischer oder Tiefkühl-Blattspinat
Frisch gemahlener schwarzer Pfeffer
6 EL dicker, cremiger Joghurt
Frisch gepresster Saft von 1/2 Zitrone

Zubereitung

In einem großen Topf gesalzenes Wasser zum Kochen bringen und die Pasta darin al dente kochen. Inzwischen das Olivenöl in einer weiten Pfanne erhitzen, Knoblauch und Chili 1 Minute darin anschwitzen. Den Spinat dazugeben, mit Salz und Pfeffer würzen und untermischen. Zugedeckt zusammenfallen lassen, frischen Spinat 2 Minuten, gefrorenen 4 Minuten. Die Pfanne vom Herd nehmen, Joghurt und Zitronensaft unterrühren und zugedeckt 1 Minute stehen lassen. Die Sauce unter die abgeseihte Pasta mischen.

Haselnuss-Pesto & gebratene Tomaten

Zutaten

Für 4 Personen

Salz, Pasta nach Wahl

Für den Pesto:

1/2 Knoblauchzehe
1 TL grobes Meersalz
1 TL rosa Pfefferkörner
25 g enthäutete Haselnüsse
Je 1 Hand voll Petersilie und Basilikum, gehackt
3 EL frisch geriebener Parmesan
4 EL Olivenöl

Für die Tomaten:

2 EL Olivenöl
2 mittelgroße Tomaten, vom Stielansatz befreit, in dicke Scheiben geschnitten
2 TL Balsamessig
1 Prise Zucker; Salz und frisch gemahlener Pfeffer

Zubereitung

♦ In einem großen Topf gesalzenes Wasser zum Kochen bringen und die Pasta darin al dente kochen. Inzwischen für den Pesto Knoblauch, grobes Salz und rosa Pfefferkörner im Mörser zu einer Paste zerreiben. Die Nüsse hinzufügen und ebenfalls leicht zerreiben. Die Kräuter und den Parmesan dazugeben und alles zu einer groben Paste verarbeiten. Das Öl gründlich untermischen.

♦ Das Öl für die Tomaten in einer weiten Pfanne bei mittlerer Temperatur erhitzen. Die Tomatenscheiben mit dem Essig und Zucker hineingeben und braten, bis sie von beiden Seiten leicht gebräunt sind. Mit Salz und Pfeffer würzen.

♦ Die Pasta abseihen und zurück in den Topf füllen, den Pesto gleichmäßig untermischen. Die Pasta anrichten, mit den Tomaten belegen und servieren.

Ein improvisiertes Abendessen ist kein Problem. Hier ist meine Strategie für ein schnell zusammengestelltes Abendessen: Das Eiercurry nach Kerala-Art (siehe Seite 113) ist in nur 30 Minuten zubereitet. Und damit die Gäste in der Zwischenzeit schon etwas zum Knabbern haben, gibt es köstliches geröstetes Fladenbrot und Hummus (Kichererbsenpüree).

Den Backofen auf 200 °C (Umluft 180 °C) vorheizen. Fertiges Fladenbrot in Dreiecke schneiden, auf einem Backblech verteilen, mit Olivenöl beträufeln und mit Sesam bestreuen. Im Ofen etwa 7 Minuten rösten, bis es knusprig ist. Hummus in eine flache Schale füllen und nach Belieben mit Zitronensaft verfeinern. Getrocknete Minze, etwas Olivenöl und Kapern darüber geben. Eingelegte Baby-Rote-Bete mit Cocktailspießchen in einer weiteren Schüssel reichen.

Einkauf Wer etwas Zeit hat, sollte frisches Hummus kaufen, das natürlich besser schmeckt als aus der Dose. Statt Fladenbrot kann man auch Cracker servieren. Hummus aus der Dose ist übrigens nur einer von vielen Einkaufstipps für den Vorratsschrank (siehe Seite 11), die ein improvisiertes Essen leicht machen.

Anrichten In letzter Minute ist jede Idee erlaubt.

Getränke Möchten die unerwarteten Gäste verköstigt werden, darf man sie ruhig darum bitten, etwas zu trinken mitzubringen. Bier ist eine gute Wahl – man kann es einfach in der Flasche reichen, es sorgt für gute Stimmung, regt den Appetit an und passt ideal zu pikanten Speisen.

Serviervorschlag

Hummus mit getrockneter Minze, Olivenöl und Kapern Seite 108

Eingelegte Baby-Rote-Bete

Geröstetes türkisches Fladenbrot mit Olivenöl und Sesam Seite 108

Eiercurry nach Kerala-Art Seite 113

Eiscreme mit heißer Toffee-Brandy-Sauce Seite 90

Reisnudeln und Gemüse aus dem Wok

Currypulver, Pfeffer und Reisnudeln sorgen für die »Singapur-Art« dieses Gerichts. Doch je nach Vorräten lässt es sich natürlich variieren. Pfannengerührte Speisen sind schnell zubereitet, aber das nützt nichts, wenn man eine halbe Stunde lang Zutaten schneiden und hacken muss. Hier kommt es auf minimale Vorbereitung an.

Zutaten

Für 4 Personen (größere Mengen sind im Wok zu kompliziert und langwierig)

150 g flache Reisnudeln
500 g gemischtes Tiefkühlgemüse (nicht mehr als 4–5 verschiedene Gemüsesorten), etwa Brokkoli oder Romanesco, Zucchini, Paprikaschoten, Champignons, Zuckerschoten, Weißkohl
2 EL Currypulver
125 ml Wasser
2 EL Sojasauce
1 TL Salz
2 TL Zucker
1/2 TL frisch gemahlener schwarzer Pfeffer
1/2 TL getrocknete Chiliflocken
2 Hand voll Cashewnüsse (etwa 50 g)
8 Knoblauchzehen, geschält
4–6 EL Sonnenblumenöl

Zubereitung

♦ Reichlich Wasser zum Kochen bringen. Die Reisnudeln in einer Schüssel mit dem Wasser überbrühen, 2 Minuten stehen lassen (nicht länger). Abgießen, unter fließendem kaltem Wasser abschrecken. Die Nudeln sollten nur leicht gegart sein.
♦ Das Gemüse in gleich große Stücke schneiden. In einer kleinen Schüssel mit dem Currypulver vermischen und beiseite stellen.
♦ Wasser, Sojasauce, Salz, Zucker, Pfeffer und Chiliflocken vermischen. Beiseite stellen.
♦ Den Wok ohne Öl möglichst heiß werden lassen. Die Cashewnüsse darin unter Rühren leicht bräunen und herausnehmen. Den Knoblauch im Wok ebenfalls ohne Fett rösten, bis er dunkle Stellen bekommt; dabei den Wok gelegentlich rütteln. Das Öl dazugießen und sofort das Gemüse zügig hineingeben und 1–2 Minuten kräftig pfannenrühren (etwas mehr Öl hinzufügen, falls das Gemüse zu trocken erscheint). Die Nudeln, Cashewnüsse und die Saucenmischung dazugeben. Weitere 2–3 Minuten pfannenrühren, bis das Gemüse weich, aber noch knackig, die Flüssigkeit eingekocht ist und die Nudeln gar sind. Sofort servieren, am besten im Wok, sodass jeder sich bedienen kann.

Vorbereiten

Nudeln sind so schnell zubereitet, dass man immer verschiedene Sorten vorrätig haben sollte.

Tipp!

Ein traditioneller Wok aus Stahl mit rundem Boden ist in einer Küche mit Gasherd vermutlich das nützlichste Kochgeschirr. Bei einem Elektroherd benötigt man natürlich einen Wok mit flachem Boden. Auch sollte ein Wok möglichst groß sein, damit man ihn schwenken kann, ohne dass etwas herausfällt. Traditionelle Woks sind sehr dünn und werden sehr heiß – darum kann man die Speisen auch so schnell garen. Wird er zu heiß, benötigt man vielleicht etwas mehr Öl. Erhitzen sollte man ihn aber stets ohne Öl, damit nichts anhängt.

Bulgur in würziger Tomatensauce

Ein einfaches, schnelles, sättigendes und preisgünstiges Gericht – ideal für ein Abendessen in letzter Minute. Pate stand hier das iranische Gericht *haleem*, eine Art dicker, pikanter Brei.

Zutaten

Für 4 Personen

400 g gehackte Tomaten aus der Dose
1 frische rote Chilischote, von Stielansatz, Samen und Scheidewänden befreit, in Scheiben, oder 1/2 TL Chilipulver
2 große Knoblauchzehen, geschält
2 TL gemahlener Kreuzkümmel
1 TL brauner Zucker
1/2 TL Weinessig
Salz und frisch gemahlener schwarzer Pfeffer
150 g Bulgur (vorgekochter Weizenschrot)
1 EL getrocknete Minzeblätter
2 Stücke Zimtstange oder Kassiarinde (nach Belieben)

Zum Servieren:

Dicker, cremiger Joghurt
Natives Olivenöl extra
Etwas gemahlener Kreuzkümmel oder Zimtpulver zum Bestreuen
Frische Petersilienblätter (nach Belieben)

Zubereitung

◆ Die Tomaten in einen Mixer füllen, die Dose aufbewahren. Chili, Knoblauch, Kreuzkümmel, Zucker, Essig, Salz und Pfeffer hinzufügen und alles pürieren. In einen Topf füllen.

◆ 2 Dosen Wasser in den Mixer füllen, kurz einschalten und das Wasser in den Topf gießen; so wird nichts von dem Püree verschwendet. Bulgur, getrocknete Minze, Zimt oder Kassia dazugeben. Zum Kochen bringen und 10-15 Minuten köcheln lassen, bis der Bulgur gar ist. Gelegentlich umrühren. Eventuell mit Salz und Pfeffer nachwürzen, Zimt oder Kassia entfernen. In Schüsseln anrichten und jeweils mit einem Klecks Joghurt, garniert mit einem Spritzer Olivenöl sowie einer Prise Kreuzkümmel oder Zimt, und etwas Petersilie (nach Belieben) servieren.

Eiercurry nach Kerala-Art

Bei einem Curry werden die Zutaten »in Sauce geschmort«, und manche Currys werden für ein volles Aroma mehrere Stunden gegart. Dieses delikate Gericht aus Südindien dauert insgesamt jedoch nicht länger als 30 Minuten.

Zutaten

Für 4 Personen

4 Eier aus Freilandhaltung
4 EL Sonnenblumenöl
2 TL schwarze Senfkörner
2 große Zwiebeln, fein gehackt (etwa 400 g)
3–4 Knoblauchzehen, in Scheiben geschnitten
4–5 cm frische Ingwerwurzel, geschält und gehackt
4 Chilischoten, längs halbiert, Stielansatz, Samen und Scheidewände entfernt
2 TL gemahlene Kurkuma
2 TL Kreuzkümmel
3 EL Kokosraspel
Salz und frisch gemahlener schwarzer Pfeffer
4 dicke Strauchtomaten, gehackt, oder 400 g gehackte Tomaten aus der Dose
250 ml Joghurt
Frisches Koriandergrün zum Garnieren (nach Belieben)
Frisch gekochter Basmatireis zum Servieren

Zubereitung

♦ Die Eier in einem kleinen Topf mit kaltem Wasser bedecken. Zum Kochen bringen und 5 Minuten köcheln lassen. Abgießen, unter fließendem kaltem Wasser abkühlen. Schälen und beiseite stellen.

♦ Das Öl in einem Wok oder einer großen Pfanne sehr heiß werden lassen. Die Senfkörner darin anrösten und, sobald sie zu springen beginnen, die Hitze leicht reduzieren, die Zwiebeln hinzufügen und goldbraun und weich braten. Knoblauch, Ingwer, Chilis, Kurkuma, Kreuzkümmel, Kokosraspel, Salz und Pfeffer einige Minuten mitbraten, bis die Mischung zu duften beginnt. Die Tomaten und die ganzen Eier unter sanftem Rühren in der Mischung heiß werden lassen. Vom Herd nehmen, den Joghurt unterrühren und 2 Minuten zugedeckt ruhen lassen. Mit Koriandergrün (falls verwendet) garnieren und zu frisch gekochtem Reis servieren.

7

Feuer & Eis

Essen im Freien – Picknicks, Barbecues und Lagerfeuer

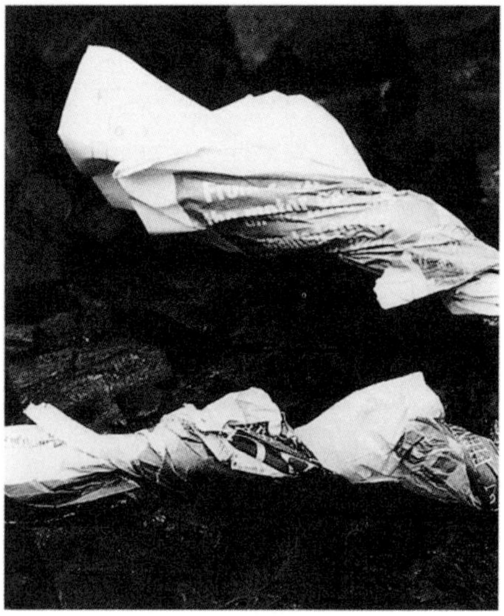

Feuer und Eis schließen sich nicht unbedingt aus – zumindest nicht, wenn man im Freien isst. Bei einem Grillfest im Sommer wird das Essen auf dem Grill zubereitet, und eisgekühlte Getränke sind dazu sehr willkommen. Und wer verbringt nicht gern einmal einen kühlen Abend am wärmenden Lagerfeuer, denn in der frischen Luft schmeckt das Essen ganz besonders gut.

Picknicks Unerlässlich sind gut schließende Behälter und gut gekühlte Speisen. Für alles, was nicht auslaufen kann, benötigt man Dosen in verschiedensten Größen und Formen. Metall hält dabei länger kühl als Kunststoff und ist außerdem stabiler. Ideal sind Dosen und Gewürzgläser aus Edelstahl. Zwischen die einzelnen Behälter packt man Plastiktüten mit Eiswürfeln oder Kühlelemente. Und der perfekte moderne »Picknickkorb« ist eine Kühltasche mit Gefrierelement, das über den Zigarettenanzünder im Auto betrieben wird. Nicht vergessen: Teller, Servietten, Tassen oder Gläser und einen Korkenzieher.

Barbecues Ich vermute, dass neun von zehn Vegetariern einen separaten Grill bevorzugen. Wer nur einen Grill besitzt und darauf Fleisch grillt, sollte sich einen zweiten ausleihen. Ist die Holzkohle entfacht, dauert es etwa 30 Minuten, bis sie richtig durchgeglüht ist: Es sollten keine Flammen mehr auflodern, und die Glut sollte von einer Ascheschicht bedeckt, aber immer noch so heiß sein, dass man nicht zu nahe herantreten kann. Zum Wenden der Speisen verwendet man eine lange Grillzange und -gabel.

Lagerfeuer Wer sagt eigentlich, dass man nur bei warmem Wetter im Freien essen kann? Es ist doch ein großartiges Erlebnis, an einem wärmenden Lagerfeuer im Winter eine warme Mahlzeit zu genießen. Es genügt eine gehaltvolle Suppe oder ein Gemüseschmortopf, wofür man ausnahmsweise Wegwerfgeschirr verwendet. Dazu gibt es Glühwein oder heißen Apfelwein.

Toskanisches Sandwich vegan

Dieses Sandwich hat viel Ähnlichkeit mit der berühmten toskanischen *panzanella*, einer Art Brotsalat, bei dem das Brot in Knoblauch, Tomaten und pfeffrigem Olivenöl mariniert wird. Hier werden die wunderbaren mediterranen Aromen in das Brot hineingepresst. Das köstliche Brot eignet sich außerdem ideal für ein Picknick.

Zutaten

Für 4 Personen

1 mittelgroße Ciabatta (italienisches Weißbrot)
1 Knoblauchzehe
1 mittelgroße Strauchtomate, vom Stielansatz befreit, gehackt
10 beste schwarze Oliven, entsteint
2 TL Kapern in Essigsud, abgegossen
5–6 sonnengetrocknete Tomaten in Öl, abgegossen und grob gehackt
1 kleine Hand voll frische Basilikumblätter, grob gehackt
1 kleine Hand voll frische glatte Petersilienblätter, grob gehackt
3 EL natives Olivenöl extra
1 TL Rotweinessig
1 Prise Salz
Frisch gemahlener schwarzer Pfeffer

Zubereitung

♦ Die Ciabatta horizontal halbieren. Die Knoblauchzehe halbieren und die Schnittflächen des Brotes damit einreiben.

♦ Die restlichen Zutaten in der Küchenmaschine oder im Mixer zu einer groben Paste verarbeiten und auf einer Hälfte des Brotes verstreichen. Die andere Hälfte darauf setzen.

♦ Zum Pressen das Brot entweder mit Bast oder Baumwollgarn fest umwickeln oder in einen großen Plastikbeutel legen und stramm einwickeln. Die erste Methode sieht hübsch aus, die zweite ist einfacher und praktischer.

♦ Ein Brett auf das toskanische Sandwich legen und mit einem Gewicht beschweren (etwa einer Tüte Zucker, einem schweren Mörser aus Stein oder einem großen Behälter mit Wasser).

♦ Das toskanische Sandwich etwa 1 Stunde lang pressen, ehe es für das Picknick in der Kühltasche verstaut wird.

Vorbereiten Das Sandwich schmeckt am besten, wenn man es 4 Stunden vor dem Verzehr zubereitet.

Tipp! Für das Picknick benötigt man natürlich ein Brett und ein Brotmesser, um das Sandwich in Stücke schneiden zu können. Alternativ kann man es auch vor dem Umwickeln in 4 Stücke schneiden oder die Stücke fest in Klarsichtfolie einpacken.

Servieren Dazu passen Käse und Salat.

Linsensalat mit Radieschen

Die Garzeit von Hülsenfrüchten hängt stets davon ab, wie alt sie sind, aber das steht natürlich nicht auf der Packung. Die kleinen Puy-Linsen benötigen etwa eine halbe Stunde, also sollte man sie nach Ablauf dieser Zeit probieren – sie müssen im Mund schmelzen, dürfen aber nicht zu weich sein. Dieser ebenso nahrhafte wie delikate Salat eignet sich gut für ein Picknick; dafür füllt man ihn am besten in einen gut verschließbaren Behälter. Aber er ist auch eine ideale Beilage für ein Grillfest.

Zutaten

Für 6–8 Personen

250 g grüne Linsen, am besten Puy-Linsen
Frisch gepresster Saft von 1 großen Zitrone
2 EL Olivenöl
Salz und frisch gemahlener schwarzer Pfeffer
1 TL frisch gemahlener Kreuzkümmel
2 Frühlingszwiebeln, in Scheiben geschnitten
8 Radieschen, halbiert
1 Hand voll frische Petersilie, gehackt

Zubereitung

◆ Die Linsen in einem Sieb kalt abspülen, abtropfen lassen und in einen kleinen Topf füllen. Mit reichlich kaltem Wasser bedecken, zum Kochen bringen und bei mittlerer Hitze ohne Salz weich garen.

◆ In der Zwischenzeit den Zitronensaft mit dem Olivenöl, Salz, Pfeffer, Kreuzkümmel und den Frühlingszwiebeln verrühren. Die gegarten Linsen abgießen, abtropfen lassen und noch heiß mit dem Dressing vermischen. Vollständig abkühlen lassen, dabei ab und zu durchrühren. Die Radieschen und die Petersilie untermischen. Am besten schmecken die Linsen raumtemperiert.

Vorbereiten

Man kann die Linsen 1 Tag im Voraus zubereiten und die Radieschen erst kurz vor dem Verzehr untermischen, damit sie knackig bleiben.

Tipp!

Für dieses Gericht eignen sich fast alle Linsen mit Ausnahme von roten, denn sie sind zu weich und verlieren schnell ihre Form. (Geschälte Linsen sind leichter verdaulich!) Linsen muss man vor dem Garen nicht über Nacht einweichen, größere Hülsenfrüchte, einschließlich geschälter halber Erbsen und Mungobohnen, sollte man jedoch stets einweichen.

Gefüllte Tortillas (Picknick-Wraps)

Tortillas – weiche Pfannkuchen aus Mais- oder Weizenmehl, Wasser und Salz – sind heute auf der ganzen Welt beliebt und werden gern gefüllt. Die Füllungen ergeben meist auch gute Salate: etwa die Kichererbsen mit zusätzlich Petersilie und Paprikapulver; oder die Roten Beten, jedoch ohne den Frischkäse.

Kichererbsen-Zucchini-Wraps

Zutaten

2 EL Olivenöl
2 kleine Zucchini (etwa 150 g), in dünne Scheiben geschnitten
2 Knoblauchzehen, gehackt
2 TL geräuchertes Paprikapulver oder mildes Chilipulver
400 g Kichererbsen aus der Dose
1 Prise Salz
Etwas frisch gepresster Zitronensaft
1 kleine Hand voll frische Petersilie, grob gehackt
4 EL Joghurt
4 mittelgroße Weizentortillas

Zubereitung

♦ Das Olivenöl erhitzen und die Zucchini darin weich und goldbraun braten. Den Knoblauch hinzufügen und, sobald er goldbraun geworden ist, das Paprikapulver einstreuen. Verfärbt sich das Paprikapulver, die Kichererbsen mit dem Salz unterrühren. 2 Minuten braten, bis die Kichererbsen heiß sind und das Aroma angenommen haben. Vom Herd nehmen. Mit Zitronensaft beträufeln und in eine Schüssel füllen. Leicht abkühlen lassen, dann die Petersilie und den Joghurt untermischen.

♦ Eine Tortilla ausbreiten und 1 Esslöffel Füllung auf die untere Mitte setzen. Zuerst die linke und rechte Seite, dann den unteren Rand darüber klappen und die Tortillas fest nach oben einrollen. Auf eine Platte legen und zugedeckt kalt stellen. Zum Verzehr diagonal halbieren.

Rote-Bete-Wraps mit Käse und Walnüssen

Zutaten

100 g Baby-Rote-Bete in Essigsud, grob gehackt
50 g Walnüsse, grob gehackt
150 g Blauschimmelkäse, etwa Stilton oder Roquefort, zerkrümelt
2 gehäufte EL Doppelrahmfrischkäse
Schwarzer Pfeffer
50 g junge Spinatblätter, gewaschen und geputzt
4 mittelgroße Weizentortillas

Zubereitung

♦ Die Roten Beten mit den Walnüssen, dem Blauschimmel- und Frischkäse in eine Schüssel füllen. Etwas schwarzen Pfeffer darüber mahlen und alles mit der Rückseite eines Löffel gleichmäßig vermischen. Die Tortillas füllen, wie oben beschrieben, dabei jeweils einige Spinatblätter mit einrollen.

Gegrillte Champignons mit Käsefüllung

Weiche, fleischige Champignons mit einer herrlichen Knoblauch-Käse-Füllung – was will man mehr? Vielleicht ein Stück Brot, damit man auch den letzten Tropfen, der aus den Pilzen herausläuft, aufsaugen kann.

Zutaten

Für 4 Personen

8 große Riesenchampignons gleicher Größe mit offenen Hüten
Salz und frisch gemahlener schwarzer Pfeffer
4 EL Wermut oder Weißwein
2 Knoblauchzehen, gehackt
2 EL frische Thymianblättchen
100–125 g Greyerzer oder ein anderer gut schmelzender Käse, gerieben
Natives Olivenöl extra
Frisches Brot mit knuspriger Rinde zum Servieren

Zubereitung

◆ Holzkohle in einem Grill durchglühen lassen. Die Stiele der Champignons wegschneiden. Mit einem scharfen Messer die Lamellen einschneiden, ohne die Hüte zu durchtrennen. Jeweils 2 Hüte von gleicher Größe aussuchen, je 1 Hut davon mit den Lamellen nach oben auf eine Arbeitsfläche legen. Mit Salz und Pfeffer bestreuen, mit je 1 Esslöffel Wermut oder Weißwein beträufeln. Darüber etwas Knoblauch, Thymian und Käse streuen. Den zweiten Hut jeweils darauf setzen und mit einem Cocktailspieß fixieren. Rundum mit Olivenöl bestreichen.

◆ Grillen, bis die Pilze sehr weich sind und die Füllung schmilzt. Mehrmals wenden. Dazu: Brot.

Auberginen mit Misoglasur vom Grill **vegan**

Miso stammt aus der japanischen Küche und ist eine Würzpaste aus mit Reis, Sojakeimen oder Quark und Wasser vergorenen pürierten Sojabohnen mit salzigem Geschmack. Es gibt verschiedene Sorten von unterschiedlicher Intensität: Ich ziehe die helleren (mild süßlich) den dunkleren (kräftig salzig) vor. Die Glasur bekommt durch Miso einen wunderbaren Geschmack und kann auch für andere Gemüsesorten verwendet werden.

Zutaten

Für 4 Personen

2 große Auberginen
Holzspieße, etwa 30 Minuten in Wasser eingeweicht, damit sie auf dem Grill nicht verbrennen

Für die Glasur:

1 Knoblauchzehe, grob gehackt
1 EL Miso
1 EL Tomatenmark
1 EL frisch gepresster Zitronen- oder Limettensaft
2 TL dunkelbrauner Zucker
2 EL Sonnenblumenöl

Zubereitung

♦ Holzkohle in einem Grill durchglühen lassen. Die Auberginen quer in 1 Zentimeter dicke Scheiben schneiden und je 1 eingeweichten Holzspieß durch die Scheiben stecken.

♦ Die Zutaten für die Glasur im Mixer vermischen. Alternativ den Knoblauch mit dem Miso im Mörser zerreiben und mit den restlichen Zutaten gleichmäßig verrühren.

♦ Die Auberginenscheiben von beiden Seiten mit der Glasur bestreichen und auf den Grillrost legen. Mehrmals wenden und zwischendurch immer wieder mit weiterer Glasur bestreichen, sie sollen sehr weich sein. Sofort servieren.

Grillspieße mit Shiitake und Tofu vegan

Tofu gibt es schon seit 2000 Jahren, und in dieser Zeitspanne haben vor allem die Japaner ganz wunderbare Tofu-Rezepte ersonnen. Die einfache Marinade nach Teriyaki-Art aus salziger Sojasauce, süßem Reiswein (Mirin) und dem nussig schmeckenden Einweichwasser der Shiitake passt ideal. Mein Wahlspruch für Tofu lautet: stets auf asiatische Art.

Zutaten

Für 4 Personen

24 kleine getrocknete Shiitake (japanische Pilze)
500 g frischer Tofu
8 Holzspieße, 30 Minuten in Wasser eingeweicht
8 Schalotten, geschält
4 EL dunkle Sojasauce
4 EL Mirin (japanischer Reiswein zum Kochen) oder Sherry
Sesamöl

Zubereitung

♦ Die getrockneten Shiitake in einer Schüssel mit 150 Milliliter kochend heißem Wasser übergießen und für 20 Minuten einweichen. Ab und zu durchmischen. In der Zwischenzeit den Tofu abgießen und mit Küchenpapier trockentupfen. In 16 gleich große Würfel schneiden.

♦ Die Shiitake aus dem Einweichwasser nehmen und das Wasser beiseite stellen. Auf jeden Holzspieß abwechselnd 2 Tofuwürfel und 3 Shiitake stecken, mit 1 Schalotte abschließen. Die Spieße nebeneinander in einen ausreichend großen, flachen Behälter legen.

♦ Für die Marinade Sojasauce, Mirin und 4 Esslöffel des Einweichwassers der Shiitake verrühren. Die Spieße mit der Marinade begießen und für mindestens 1–2 Stunden in den Kühlschrank stellen. Ab und zu die Spieße in der Marinade wenden, damit sie diese gleichmäßig aufnehmen.

♦ Die Spieße mit Sesamöl bestreichen und in einer Grillpfanne oder über Holzkohlenglut grillen. Dabei mehrmals wenden, bis sie rundum das Grillmuster angenommen haben.

Vorbereiten

Die Spieße kann man 1 Tag im Voraus vorbereiten.

Tipp!

Der weiche Seidentofu ist für dieses Gericht nicht geeignet, da er beim Grillen zerfällt. Ganz frischen Tofu bekommt man in Asia- und Bioläden. Probieren Sie auch einmal eingefrorenen und wieder aufgetauten Tofu: Er bekommt eine ganz andere, erstaunlich faserige Textur.

Servieren

Zusammen mit den Auberginen mit Misoglasur vom Grill (siehe Seite 123) servieren.

Eine Party am Lagerfeuer übt eine urtümliche Faszination auf uns aus. Erinnerungen an traditionelle Erlebnisse wie das Osterfeuer werden wach, und Romantik unter sternenklarem Himmel darf nicht fehlen. Viele Menschen feiern nicht nur die Sommer-, sondern auch die Wintersonnenwende am 21. Dezember mit einem großen Lagerfeuer. Und auch in der kalten Neujahrsnacht stehen viele um ein wärmendes Feuer und bestaunen das Feuerwerk am Himmel. Selbstverständlich werden dazu anregende, vor allem auch heiße Getränke und stärkende Speisen gereicht.
Wer eine Party mit Lagerfeuer plant, sollte vorher unbedingt eine Genehmigung einholen. Die zuständige Feuerwehr gibt Auskunft, wo und wie man ein sicheres Feuer entfachen kann. Natürlich darf man ein Feuer nie unbeaufsichtigt lassen.

Einkauf Trekking-Läden haben meist eine gute Auswahl an nützlicher Camping-Ausstattung (etwa Thermoskannen, Fackeln, Petroleumlampen, Sturmfeuerzeuge und vieles mehr).

Anrichten Hier kann man ausnahmsweise Wegwerfgeschirr aus Pappe verwenden, das sich später verbrennen lässt. Keinesfalls jedoch Plastik ins Feuer werfen.

Getränke **Glühwein** – das ideale Getränk für einen kühlen Abend am Lagerfeuer. Dafür 1 Flasche Rotwein mit einigen Zimtstangen, Kardamomkapseln, etwas Zucker und 1 mit Gewürznelken gespickten unbehandelten Orange 1/2 Stunde schwach erhitzen. Mit weiterem Rotwein aufgießen, wieder erhitzen und nach Belieben etwas Weinbrand hinzugießen.

Serviervorschlag

Glühwein Seite 126

Artischocken-Torteletts Seite 24

Pastinaken-Kokos-Suppe Seite 128

Schokoladen-Käse-Kuchen mit kandierten Pekannüssen Seite 98

Große Marshmallows an langen Stöcken zum Grillen über dem Feuer

Pastinaken-Kokos-Suppe vegan

Das Gute an dieser Suppe: Sie ist sehr dick. Darum tropft sie am Lagerfeuer nicht so schnell auf die Kleidung und bleibt schön heiß, während man ein Feuerwerk bewundert oder mit Freunden ins Gespräch vertieft ist. Darüber hinaus ergibt die sättigende, wärmende Suppe eine wunderbare eigenständige Mahlzeit.

Zutaten

Für 8–10 Personen

50 g Butter (Veganer verwenden Öl)
1 große Zwiebel, gehackt
3 Stangen Bleichsellerie mit Blättern, gehackt
500 g Pastinaken, geschält und grob geraspelt
300 g Möhren, geschält und grob geraspelt
3 große Knoblauchzehen, gehackt
1 EL plus 1 TL gemahlener Kreuzkümmel
Salz und frisch gemahlener schwarzer Pfeffer
150 g feste Kokosnusscreme, gehackt
1 l kräftige Gemüsebrühe
Etwas frisch gepresster Zitronensaft
Mais-Salsa zum Servieren

Zubereitung

♦ Die Butter in einem großen Topf zerlassen (für Veganer das Öl erhitzen) und die Zwiebel darin glasig schwitzen. Den Bleichsellerie, die Pastinaken und Möhren, den Knoblauch und den gesamten Kreuzkümmel hinzufügen, mit Salz und Pfeffer würzen. Zugedeckt etwa 10 Minuten mitschwitzen, dabei gelegentlich umrühren.

♦ Inzwischen die Kokosnusscreme in einer großen Schüssel mit 500 Milliliter kochend heißem Wasser übergießen, einige Minuten stehen lassen, dann durchrühren, bis sie sich gelöst hat. Diese Kokosmilch mit der Gemüsebrühe in den Topf gießen, aufkochen und die Hitze reduzieren. Etwa 15 Minuten köcheln lassen, bis das Gemüse sehr weich ist. Leicht abkühlen lassen und mit dem Pürierstab völlig glatt pürieren. Etwas Zitronensaft hinzugießen und nochmals pürieren. Bei Bedarf mit Salz und Pfeffer nachwürzen. Nach Belieben mit Mais-Salsa servieren.

Mais-Salsa vegan — Die perfekte Garnitur zu der samtigen Suppe: würzig, knackig und saftig.

Zutaten

150 g Gemüsemais (frischer Mais blanchiert, Dosenmais abgegossen); 2 cm frische rote Chilischote, von Samen und Scheidewänden befreit, fein gehackt; 1 Frühlingszwiebel, fein gehackt; etwas frisches Koriandergrün, gehackt; 1 Prise Salz; 1 TL frisch gepresster Zitronensaft; 1 EL Olivenöl

Zubereitung

Sämtliche Zutaten in einer Schüssel vermischen, kurz durchziehen lassen und in kleinen Portionen auf der Pastinaken-Kokos-Suppe anrichten.

Gemüseschmortopf aus dem Ofen vegan

Die Gemüsesorten für dieses reichhaltige, wärmende Gericht kann man selbst bestimmen. Empfehlenswert sind saftige Champignons und Tomaten, die ihren Saft abgeben, das restliche Gemüse kann man je nach Saison auswählen (insgesamt etwa 1 Kilo). Eine Dose Bohnen sorgt für zusätzliches Aroma und Eiweiß.

Zutaten

100 g Shiitake (japanische Pilze)
200 g Tomaten
250 g Knollensellerie
250 g Süßkartoffeln
2 rote Zwiebeln
1 rote Paprikaschote, Stielansatz, Samen und Scheidewände entfernt
100 g Feuerbohnen
400 g Kichererbsen aus der Dose, abgegossen und abgespült
4 Knoblauchzehen, gehackt
Abgeriebene Schale von 1 unbehandelten Zitrone
1 Hand voll gehackte frische Basilikum- und Petersilienblätter
1 TL Koriandersamen, zerstoßen
1 kräftige Prise frisch geriebene Muskatnuss
Salz und frisch gemahlener schwarzer Pfeffer
Cayennepfeffer
1 l Möhrensaft, frisch gepresst, oder ein Fertigprodukt

Zum Servieren (nach Belieben):

Dicker Joghurt
Gehackte frische Kräuter

Zubereitung

♦ Den Backofen auf 180 °C (Umluft 160 °C) vorheizen. Sämtliche Gemüsesorten in mundgerechte Stücke schneiden und in einen weiteren Schmortopf oder Bräter füllen. Die übrigen Zutaten einstreuen und den Möhrensaft hineingießen. Durchmischen, mit Alufolie bedecken und im Ofen 45 Minuten schmoren. Die Folie entfernen und nochmals durchmischen. Die Hitze auf 150 °C (Umluft 130 °C) reduzieren und die Gemüse weitere 30-40 Minuten schmoren, bis die Flüssigkeit eingedickt ist.

♦ In vorgewärmte Schalen füllen. Nach Belieben mit einem Klecks Joghurt und gehackten Kräutern garnieren.

Vorbereiten

Man kann den Schmortopf zwar im Voraus zubereiten, doch die herrlichen Düfte beim Schmoren gehören bereits zum Genuss dieses Gerichts.

Tipp!

Essen die Gäste im Stehen, etwa am Lagerfeuer, serviert man das Gemüse in Bechern oder großen Tassen.

Servieren

Dazu passen Couscous, Bulgur, Reis, Quinoa, gebackene Kartoffeln oder auch Knoblauch-Senf-Brot.

Knoblauch-Senf-Brot – Diese köstliche Variante des klassischen Knoblauchbrots ist bei allen beliebt.

Zutaten

100 g weiche Butter (Veganer verwenden Margarine); 1 große Knoblauchzehe, zerstoßen; 1 EL körniger Senf; frisch gemahlener schwarzer Pfeffer; 1 langes Baguette (etwa 75 cm)

Zubereitung

♦ Den Backofen auf 200 °C (Umluft 180 °C) vorheizen. Butter, Knoblauch, Senf und Pfeffer vermischen. Das Brot in 1 Zentimeter dicke Scheiben einschneiden, aber nicht durchschneiden. Passt es nicht in den Ofen, das Brot halbieren. Die Buttermischung großzügig zwischen die Scheiben streichen. Das Brot fest in Alufolie wickeln und 15–20 Minuten backen, bis es schön heiß und leicht knusprig ist. Sofort servieren.

8

Brunch

Leichte Gerichte für die Frühstücksrunde am späten Vormittag

Gebackene Kurkuma-Kartoffeln mit Zitrone und Kokosraspeln
Quesadillas mit Spiegelei und scharfer roter Sauce
Fladenbrot mit Pinienkernen
Vollkornpfannkuchen mit Hüttenkäse
Bananen-Kokos-Muffins + Apfel-Marzipan-Muffins
In Tomaten gebackene Eier

Brunch, eine Verbindung aus Frühstück und Mittagessen, ist von den englischen Wörtern »breakfast« und »lunch« abgeleitet. Die Idee stammt aus den USA, wo der Brunch zum Beispiel Ostern und am Muttertag seinen festen Platz hat. Er findet meist am Sonntag zwischen 10.00 und 12.00 Uhr statt, mitunter wird er auch als »kleine Party am Tag nach der Party« zelebriert.

Wenn viele Gäste zu einer Hochzeitsfeier oder einem anderen großen Ereignis zusammenkommen, gibt es neben der großen Feier oft auch kleinere Treffen. Ein Brunch schafft häufig den Übergang zwischen dem rauschenden Fest und der Rückkehr in den normalen Alltag. Dabei bietet sich die Möglichkeit, in entspannter Atmosphäre noch ein bisschen weiterzufeiern.

Ein Brunch sollte ausgedehnt und unkompliziert ablaufen. Ob viele oder wenige Gäste teilnehmen, bei einem Brunch gibt es stets ein Buffet mit verschiedenen süßen und pikanten Speisen, an dem man sich immer wieder bedienen kann. Wichtig sind neben warmen und kalten Speisen Früchte, vor allem Melonen und Beeren, sowie reichlich Kaffee, Saft, Zeitungen und durchaus auch Schampus.

Gebackene Kurkuma-Kartoffeln mit Zitrone und Kokosraspeln

Für mich sind gebackene Kartoffeln bei einem Brunch stets die Hauptsache. Kurkuma verleiht diesen Kartoffeln einen intensiven Gelbton und einen zart erdigen Geschmack. Beim Kochen bekommt das mit Kurkuma versehene Wasser eine blutrote Farbe, doch keine Sorge, denn genau so muss es aussehen!

Zutaten

Für 6–8 Personen

1 kg neue Kartoffeln, gewaschen und halbiert
Salz
2 TL gemahlene Kurkuma
3 EL Olivenöl
Frisch gemahlener schwarzer Pfeffer
6 Knoblauchzehen, geschält
6 Schalotten, geschält
1 grüne Paprikaschote, von Stielansatz, Samen und Scheidewänden befreit und gehackt
1 unbehandelte Zitrone, in Scheiben geschnitten
3 EL ungesüßte Kokosraspel

Zubereitung

♦ Den Backofen auf 220 °C (Umluft 200 °C) vorheizen. Die Kartoffeln in einem Topf mit reichlich Wasser bedecken, eine kräftige Prise Salz und Kurkuma hinzufügen. Aufkochen und die Kartoffeln 5 Minuten ankochen. Abgießen, abtropfen und leicht abkühlen lassen. Die Kartoffeln in einen Bräter legen und mit dem Olivenöl beträufeln. Die übrigen Zutaten hinzufügen und mit den Händen untermischen, alles soll gleichmäßig mit Öl bedeckt sein.

♦ Im vorgeheizten Ofen etwa 30 Minuten backen, bis alles gar und leicht knusprig ist. Dabei ab und zu durchmischen. Heiß servieren.

Quesadillas mit Spiegelei und scharfer roter Sauce

Quesadillas sind gebratene mexikanische Tortillas, gefüllt mit Käse, oft zusätzlich mit Bohnen, Fleisch oder Gemüse. Meist werden sie als Snack serviert, harmonieren aber auch gut mit Eiern und sind damit genau das Richtige für einen Brunch. Diese einfache Variante aus dem Ofen lässt sich gut in großen Mengen zubereiten.

Zutaten

Für 2–4 Personen

Für die scharfe rote Sauce:

400 g gehackte Tomaten aus der Dose
2 kleine Knoblauchzehen, zerstoßen
Ein paar Scheiben in Essigsud eingelegte Jalapeño-Chilis
1 EL Essigsud der Jalapeño-Chilis
1–2 TL mildes Chilipulver
Salz
1 Prise Zucker

Für jede Quesadilla:

1 Weizentortilla
3 gehäufte EL gebackene Kidney-Bohnen aus der Dose
2 EL Doppelrahmfrischkäse
1 Frühlingszwiebel, gehackt
Olivenöl
Etwas Butter oder Olivenöl zum Braten
1 Ei aus Freilandhaltung

Zubereitung

♦ Die Zutaten für die Sauce in einem kleinen Topf aufkochen. Während der Zubereitung der Quesadillas leicht köcheln lassen.

♦ Den Backofen auf 200 °C (180 °C) vorheizen. Die Hälfte einer Tortilla mit den Bohnen, die andere Hälfte mit dem Frischkäse belegen. Mit der Frühlingszwiebel bestreuen und in der Mitte zusammenklappen. Rundum großzügig mit Olivenöl bestreichen und auf ein Backblech legen. Mit den übrigen Tortillas ebenso verfahren. Im vorgeheizten Ofen 10–15 Minuten goldbraun backen, dabei einmal wenden.

♦ In der Zwischenzeit etwas Butter oder Olivenöl in einer Pfanne heiß werden lassen und nacheinander Spiegeleier darin braten. Die Quesadillas mit je 1 Spiegelei und etwas roter Sauce garnieren oder die Sauce separat servieren.

Vorbereiten

Die Tortillas können bis zu 4 Stunden im Voraus gefüllt werden. Die Sauce kann man sogar am Vortag zubereiten und kalt stellen.

Tipp!

Werden die Quesadillas als Teil eines Buffets serviert, kann man sie mit einem Pizzaschneider halbieren. Die scharfe rote Sauce separat in einer Schüssel reichen.

Fladenbrot mit Pinienkernen vegan

Fladenbrot ist eine willkommene Abwechslung zu Toast. Bereitet man den Teig schon am Vorabend zu, werden die Pinienkerne weich und bilden kleine »Fenster« im Brot. Ein einfaches Rezept mit großer Wirkung.

Zutaten

Etwa 500 g kräftiges Weizenmehl (Type 1050), zusätzlich Mehl zum Bestäuben
7 g Trockenhefe
2 TL Fenchelsamen
2 TL Koriandersamen
3–4 EL Pinienkerne
1 TL Salz
2 TL Honig (Veganer verwenden dunkelbraunen Zucker oder Malzextrakt)

Zubereitung

♦ Alle Zutaten bis auf den Honig in einer großen Schüssel vermischen. Den Honig in 300 Milliliter lauwarmem Wasser lösen, nach und nach in die Schüssel gießen und alles zu einem weichen Teig verarbeiten. Ist er noch zu klebrig, mehr Mehl hinzufügen. Den Teig auf einer sauberen Arbeitsfläche 5–6 Minuten kneten, bis er glatt und elastisch ist. Eine Schüssel mit Öl ausstreichen und den Teig darin drehen, bis er mit dem Öl überzogen ist. Zugedeckt an einem warmen Ort gehen lassen, bis sich sein Volumen verdoppelt hat. Alternativ langsam über Nacht im Kühlschrank gehen lassen.

♦ Den Backofen auf 220 °C (Umluft 200 °C) vorheizen. Die saubere, trockene Arbeitsfläche mit etwas Mehl bestäuben und den Teig darauf leicht durchkneten, sodass die Luftbläschen entweichen. In 8 Stücke teilen und mit einem Nudelholz zu flachen, ovalen Fladenbroten ausrollen. Auf ein Backblech legen und im Ofen 6–8 Minuten backen. Die Brote sollten goldgelb und leicht aufgegangen sein.

Vollkornpfannkuchen mit Hüttenkäse

Diese lockeren, gesunden Pfannkuchen sind ganz schnell fertig. Oft backe ich sie zum Frühstück, wenn ich noch gar nicht richtig wach bin. Am besten passt dazu ein säuerliches Fruchtkompott oder ein wenig Ahornsirup.

Zutaten

Für 4–5 Personen

60 g Weizenvollkornmehl
1/2 TL Backpulver
2 TL hellbrauner Zucker
1/2 TL Salz
2 Eier aus Freilandhaltung, verquirlt
250 g Hüttenkäse
1/2–1 TL Butter zum Braten

Zubereitung

♦ Die trockenen Zutaten in einer Schüssel vermischen, die Eier und den Hüttenkäse unterrühren. Eine Pfanne mit schwerem Boden bei mittlerer Temperatur heiß werden lassen, etwas Butter darin zerlassen, dabei die Pfanne schwenken, bis der Boden gleichmäßig vom Fett überzogen ist. Portionsweise gehäufte Esslöffel Teig darin backen, bis die Pfannkuchen Blasen werfen. Wenden und goldgelb fertig backen. Heiß mit Joghurt oder Kirschkompott servieren.

Vorbereiten

Den Teig kann man ohne Backpulver 12 Stunden im Voraus zubereiten. Das Backpulver gibt man erst kurz vor dem Backen hinzu. Fertige Pfannkuchen lassen sich 1 Stunde warm halten, doch frisch schmecken sie am besten. Aber auch aufgebackene Reste sind ein Genuss.

Ein Buffet am späten Morgen – Nach einer langen Feier hat man oft Gelüste auf Süßes oder auf ein reichhaltiges pikantes Frühstück. Eier, Kartoffeln, Früchte und Gebackenes sind die unverzichtbaren Elemente eines Brunch. Sonderwünsche gehören dagegen nicht zu solch einer gemütlichen Angelegenheit.
Wenn man bei einem Nahrungsmittel auf Bioqualität achten sollte, dann bei Eiern. Im Gegensatz zu denen aus Legebatterien schmecken Eier aus Feilandhaltung wesentlich besser – sie haben ein butterartiges Eigelb und ein weichcremiges Eiklar. Die artgerechte Tierhaltung steht im Vordergrund, nicht die Produktionssteigerung. Die Hühner können sich frei bewegen und bekommen natürliches, vegetarisches Futter ohne Zusätze.

Einkauf Ein Brunch lässt sich viel leichter zusammenstellen, wenn man den Einkauf und einen Großteil der Zubereitung schon am Vortag erledigt hat. Kommen plötzlich doch mehr Gäste, bleibt nur ein schneller Ausflug zum Bäcker.

Anrichten Für die pikanten Gerichte große Essteller im Ofen vorwärmen. Für Früchte und Süßes Dessertteller bereitstellen.

Getränke An einem heißen Tag empfehle ich eisgekühlten Kaffe: Dafür sehr starken Kaffee aufbrühen. Für Gäste, die gesüßten Kaffee trinken, die Hälfte des noch heißen Kaffees zuckern. Zwei Krüge mit Eis füllen und jeweils mit heißem gesüßtem und ungesüßtem Kaffee aufgießen. Das Eis schmilzt und verdünnt den extrastarken Kaffee während des Abkühlens. Nach Belieben mit Milch auffüllen.

Serviervorschlag

In Tomaten gebackene Eier Seite 145

Vollkornpfannkuchen mit Hüttenkäse Seite 139

Gebackene Kurkuma-Kartoffeln mit Zitrone und Kokosraspeln Seite 135

Bananen-Kokos-Muffins Seite 142

Melonen und Beeren

Griechischer Joghurt und Honig

Bananen-Kokos-Muffins

Muffins sind eine wunderbare Möglichkeit, schon zum Frühstück Kuchen zu essen. Wie bei allen guten Kuchen heißt das Geheimnis aber auch hier: nicht zu viel mischen! Kleine Mehlklümpchen im Teig verschwinden beim Backen.

Zutaten

Ergibt 6 große oder 12 kleine Muffins

70 g Butter, zerlassen, zusätzlich Butter zum Einfetten oder 90 ml Sonnenblumenöl
250 g Mehl
1 TL Backpulver
1/4 TL feines Meersalz
200 g extrafeiner Zucker
2 Eier aus Freilandhaltung
Abgeriebene Schale und frisch gepresster Saft von 2 unbehandelten Limetten
1 TL Vanille-Essenz oder 1 EL Rum
125 ml Joghurt
1 große, reife Banane, zerdrückt
3 EL ungesüßte Kokosraspel

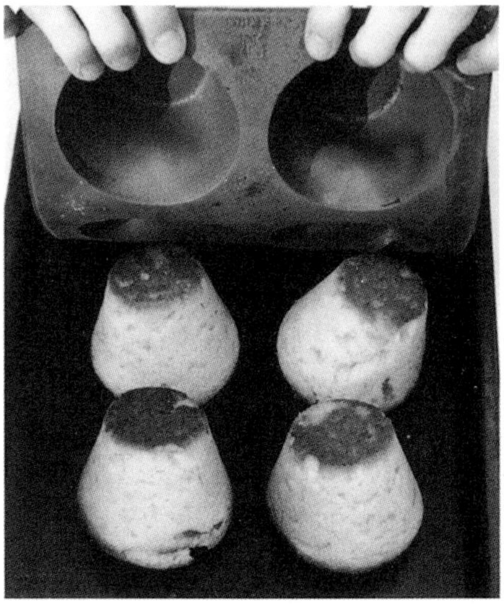

Zubereitung

♦ Den Backofen auf 180 °C (Umluft 160 °C) vorheizen und die Muffinförmchen einfetten. Das Mehl mit dem Backpulver und Salz in eine Schüssel sieben. Die restlichen Zutaten in einer weiteren Schüssel gründlich vermischen und die Mehlmischung mit wenigen Bewegungen mit dem Gummispatel unterziehen, sodass alles gerade eben vermischt, aber noch leicht klumpig ist. Den Teig in die Förmchen verteilen und im Ofen 25–35 Minuten backen. Die Muffins sollten goldgelb und fest sein, aber auf Druck elastisch nachgeben.

♦ In den Förmchen 10 Minuten abkühlen lassen, dann auf ein Kuchengitter stürzen. Die Muffins heiß mit Butter verzehren.

Apfel-Marzipan-Muffins – Herrlich fruchtig und mit einem wunderbaren Mandelaroma.

Zutaten

Statt Limettenschale und -saft, Banane und Kokosraspel: abgeriebene Schale und Saft von 1 unbehandelten Zitrone; 1 säuerlicher Kochapfel, geschält, vom Kerngehäuse befreit und klein gewürfelt; 100 g Marzipan, in 5 mm großen Würfeln

Zubereitung

♦ Wie im Rezept oben zubereiten.

In Tomaten gebackene Eier

Die Idee zu diesem Gericht kam mir in einem Traum. Am nächsten Morgen bereitete ich die Eier zum Frühstück zu, und sie schmeckten herrlich. Als ich ein paar Tage später ein neu erworbenes Exemplar von Margaret Costas Four Season's Cookbook von 1970 durchblätterte, entdeckte ich ihr Rezept »In Tomaten gebackene Eier«. Sie empfiehlt sie als sommerliche Vorspeise und garniert sie mit reichlich Knoblauch, Sahne und in Olivenöl geröstetem Brot. Ich war beeindruckt von dem kollektiven kulinarischen Bewusstsein!

Zutaten

Für 4 oder, als Teil eines Brunch-Buffets, 8 Personen

8 große Strauchtomaten
Salz und frisch gemahlener schwarzer Pfeffer
8 frische Basilikumblätter
4 EL Olivenöl
8 kleine oder mittelgroße Eier aus Freilandhaltung
4 EL frisch geriebener Parmesan

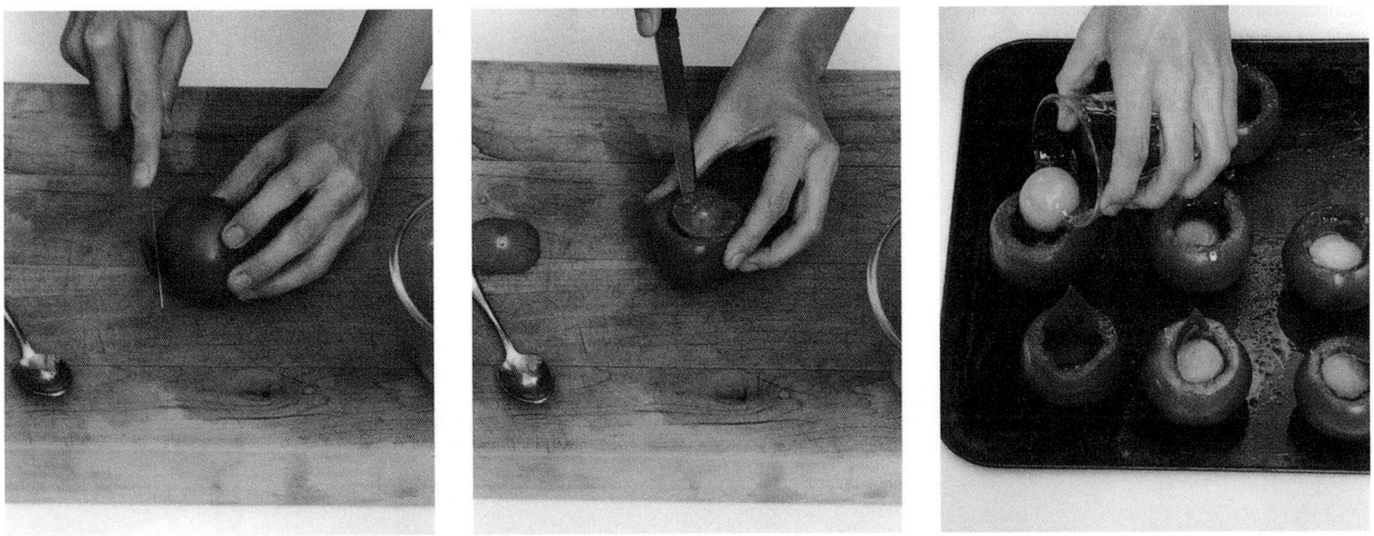

Zubereitung

♦ Den Backofen auf 200 °C (Umluft 180 °C) vorheizen. Vom unteren Teil der Tomaten je eine kleine Scheibe wegschneiden, sodass sie nicht umfallen. Am Stielansatz eine großzügige Scheibe abschneiden und die Früchte aushöhlen, ohne die Schale zu beschädigen. Die Tomaten auf ein leicht geöltes Backblech setzen und innen mit Salz und Pfeffer würzen. Je 1 Basilikumblatt hineinlegen und mit Olivenöl beträufeln. Je 1 Ei in eine Tomate gleiten lassen und mit Parmesan bestreuen. Im Ofen 15–20 Minuten backen, bis die Eier die gewünschte Festigkeit erlangt haben. Sofort servieren.

Vorbereiten

Die Tomaten können 4 Stunden im Voraus ausgehöhlt werden: in Klarsichtfolie wickeln und kalt stellen.

Tipp!

Sind große Strauchtomaten nicht erhältlich, Fleischtomaten quer halbieren, aushöhlen und wie oben zubereiten. Für ein Brunch-Buffet jede Tomate auf eine geröstete, gebutterte Baguettescheibe setzen.

Servieren

Dazu passt Toast mit Butter.

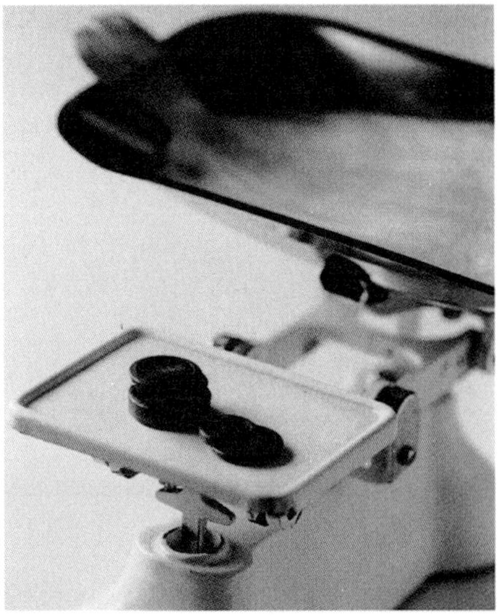

9

Wenn es auch Fisch sein darf

Einfache Rezepte für Fisch und Meeresfrüchte

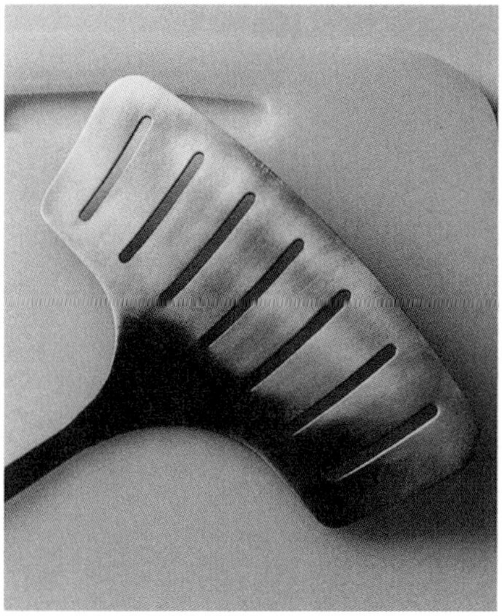

Die Vorstellung, dass Vegetarier Fisch essen, mag vielen widersprüchlich erscheinen, doch tatsächlich nimmt die Zahl der »Pescetarier« stetig zu. Jeder Mensch hat natürlich ganz persönliche Gründe für seine Ernährung, und moralische Gesichtspunkte stehen dabei nicht immer an erster Stelle. Oft ist es einfach nur eine Geschmacksfrage.

Darum ist dieses Kapitel den Fischliebhabern gewidmet!

Bei Fisch ist frische Ware vielleicht noch wichtiger als bei anderen Nahrungsmitteln. Hier einige Tipps, wie man Fisch von bester Qualität aussucht:
Kaufen Sie in einem Fischgeschäft ein, nicht in einem Supermarkt; im Fachgeschäft ist der Fisch meist frischer, günstiger und sauberer.
Kaufen Sie Fisch nicht am Montag, er hat meist schon das Wochenende und mehr hinter sich.
Erkundigen Sie sich genau: Was ist heute empfehlenswert? Woher stammt der Fisch? Ein Fischhändler, der etwas von seinem Beruf versteht, kann viele interessante Informationen geben. Bitten Sie ihn, den Fisch küchenfertig vorzubereiten (reinigen, filetieren usw.) – das ist die Aufgabe des Fischhändlers, nicht Ihre. Frischer Fisch muss so aussehen, als wäre er noch quicklebendig. An den Augen des Fischs kann man deutlich sehen, ob er frisch ist. Sie sollten klar und nicht eingefallen sein, sie dürfen keinesfalls trüb und verschleiert aussehen.
Vertrauen Sie auf Ihre Nase. Der Fisch sollte ausschließlich nach Meer riechen, sonst lehnen Sie ihn lieber ab.

Für dieses Kapitel habe ich Fischarten und Meeresfrüchte ausgewählt, die nicht bedroht sind. Dies mag jedoch nicht für jeden Winkel der Welt gelten. Wer sich darüber selbst ein Urteil bilden möchte, wird viele hilfreiche Websites zu dem Thema finden. Zwei recht informative Sites sind: The Marine Conservation Society (www.mcsuk.org) und Monterey Bay Aquarium (www.montereybayaquarium.org).

Krabbenküchlein mit süßem Chili-Dip

Frisches Krabbenfleisch ist natürlich stets am besten, doch für dieses Gericht eignet sich auch Tiefkühlware, die vermutlich auch etwas preisgünstiger ist als frische. Nach Möglichkeit sollte man nur weißes Fleisch verwenden, da das braune Fleisch sehr streng schmecken kann und eine eher mehlige Konsistenz hat. Bisher habe ich Krabbenfleisch meist nur zu 500 Gramm bekommen, darum wird hier auch genau diese Menge verarbeitet. Wählen Sie eine Krabbenart, die nicht bedroht ist, etwa Taschenkrebs (Dungeness) oder Königskrabbe.

Zutaten

Ergibt 24 Stück, für 8 Personen als Vorspeise

50 g Cracker, fein zerstoßen
500 g weißes Krabbenfleisch (Tiefkühlware aufgetaut), ausgedrückt und zerpflückt
2–3 frische rote Chilischoten, von Stielansatz, Samen und Scheidewänden befreit und gehackt
1 EL thailändische Fischsauce oder helle Sojasauce
1 Hand voll frisches Koriandergrün, gehackt
Frisch gepresster Saft von 1 Limette
1 große Knoblauchzehe, gehackt
1 Ei aus Freilandhaltung, verquirlt
Sonnenblumenöl zum Braten
Limettenspalten zum Servieren

Für den Dip:

75 ml heller Sirup
1 EL helle Sojasauce
1 EL frisch gepresster Limettensaft
2 sehr kleine Frühlingszwiebeln, in dünne Scheiben geschnitten
1 große frische rote Chilischote, von Stielansatz, Samen und Scheidewänden befreit und gehackt, oder 2 kleine frische rote Chilischoten, ebenso vorbereitet und in dünne Scheiben geschnitten

Zubereitung

◆ Zunächst für den Dip alle Zutaten in einer Schüssel gründliche vermischen und beiseite stellen.

◆ Die Cracker in der Küchenmaschine feinkrümelig zermahlen. Die übrigen Zutaten dazugeben und alles zu einer groben Masse verarbeiten. Daraus Küchlein von 3–4 cm Durchmesser, aber nur 1 cm Dicke formen.

◆ Den Boden einer weiten Pfanne mit Öl bedecken. Bei mittlerer Temperatur so heiß werden lassen, dass ein kleines Stück der Masse darin sofort zu zischen beginnt. Die Krabbenküchlein portionsweise von beiden Seiten goldbraun und knusprig braten. Abtropfen lassen. Mit Limettenspalten und dem Dip servieren.

Kalmar mit Fenchel und rosa Pfefferkörnern

Die wichtigste Regel bei der Zubereitung von Kalmar lautet: unter 2 oder über 20 Minuten garen. Wählt man eine Zeit dazwischen, bekommt der Kalmar eine unangenehm gummiartige Konsistenz. Bitten Sie Ihren Fischhändler, den Kalmar küchenfertig vorzubereiten, denn dies ist relativ mühsam.

Zutaten

Für 4 Personen

4 EL Butter (etwa 50 g)
2 EL Olivenöl
1 große Fenchelknolle (etwa 250 g), geputzt und längs in Spalten geschnitten
250 g Kalmar, küchenfertig vorbereitet und in 1 cm dicke Ringe geschnitten
1 EL rosa Pfefferkörner
Salz
80 ml Madeira
2 gehäufte EL Semmelbrösel
400 g Pak-Choi oder ein anderes grünes Blattgemüse, geputzt
1 EL frisch gehackte glatte Petersilie

Zubereitung

♦ In einer großen Pfanne mit schwerem Boden die Butter mit dem Öl bei mittlerer Hitze zerlassen. Fenchel und Kalmar darin unter gelegentlichem Rühren 15 Minuten braten.

♦ Die rosa Pfefferkörner und eine kräftige Prise Salz einstreuen, den Madeira hinzugießen und einkochen lassen. Die Semmelbrösel hinzufügen und alles unter Rühren weitere 10 Minuten garen, bis Fenchel und Kalmar eine goldbraune Farbe angenommen haben und die Semmelbrösel schön knusprig sind.

♦ Inzwischen den Pak-Choi im Dämpftopf in etwa 5 Minuten weich garen. Kurz vor Ende der Garzeit die Petersilie unter die Kalmarmischung rühren. Auf einem Bett aus Pak-Choi anrichten und mit dem Bratensaft aus der Pfanne beträufeln.

Heilbutt mit warmer Tomaten-Basilikum-Vinaigrette

Plattfische wie Seezunge und Heilbutt haben einen besonders delikaten Geschmack, und die warme, leicht säuerliche Vinaigrette passt ideal dazu. Bei einer Hochzeitsfeier mit 130 Gästen war dieses Gericht ein großer Erfolg.

Zutaten

Für 4 Personen

4 EL Mehl

Salz und frisch gemahlener schwarzer Pfeffer

500 g Heilbuttfilet, gewaschen und in 4 Portionen geschnitten

2–3 EL Olivenöl

Für die Vinaigrette:

4 EL Olivenöl

4 Schalotten, in Scheiben geschnitten

250 g Tomaten, vom Stielansatz befreit und gehackt

10–12 frische Basilikumblätter, gehackt, zusätzliches Basilikum zum Garnieren

2 EL Rotweinessig

1/2 TL dunkelbrauner Zucker

Salz und frisch gemahlener schwarzer Pfeffer

Zubereitung

♦ Den Backofen auf 200 °C (Umluft 180 °C) vorheizen. Für die Vinaigrette das Olivenöl in einem kleinen Topf erhitzen und die Schalotten darin weich und glasig schwitzen. Die übrigen Zutaten untermischen und etwa 2 Minuten garen, sodass die Tomaten gerade weich werden. Vom Herd nehmen und beiseite stellen.

♦ Das Mehl auf einen Teller streuen und mit etwas Salz und Pfeffer vermischen. Die Heilbuttstücke in der Mehlmischung wenden. Das Olivenöl in einer Pfanne erhitzen und den Fisch darin von beiden Seiten jeweils etwa 2 Minuten anbraten, bis er hellgolden ist. Den Fisch in einen Bräter legen, in den vorgeheizten Ofen schieben und in 8–10 Minuten fertig garen (ist die Pfanne ofenfest, diese mit dem Fisch in den Ofen stellen). Mit der warmen Vinaigrette beträufeln, mit etwas gekacktem Basilikum bestreuen und sofort servieren.

Ein Essen nach thailändischer Art, denn die traditionelle Thai-Küche ist ohne Seafood fast undenkbar, was kaum verwundert, da Thailand aus Tausenden von Inseln besteht. Wie in den meisten Küchen Asiens geht es um die vier Hauptgeschmacksrichtungen – süß, sauer, salzig, scharf –, die in einem ausgewogenen Verhältnis für ein gesteigertes Geschmackserlebnis sorgen. Exotische Zutaten wie Tamarinde, Zitronengras und Kaffirlimettenblätter sorgen für ein besonderes Aroma. Sie sind mitunter schwer erhältlich, lassen sich aber gut einfrieren, wenn man sie einmal bekommt.
Die Gerichte werden mit kunstvoll »geschnitztem« Gemüse garniert. Dafür frische rote Chilis oder Frühlingszwiebeln längs in Streifen schneiden, das Ende aber nicht durchschneiden. Für 30 Minuten in Eiswasser legen, bis sich die Streifen einrollen.

Einkauf Gibt es in Ihrer Nähe kein Spezialgeschäft für südostasiatische Produkte, kann man im Internet nach einem Lebensmittelversand suchen. Für die folgenden Rezepte benötigt man jedoch keine ausgefallenen Zutaten. Frische Chilis, Limetten, Mangos und Ähnliches sind leicht zu bekommen. Am Anfang dieses Kapitels stehen Einkaufstipps für Fisch.

Anrichten Thailändische Speisen isst man traditionell mit Gabel, Löffel oder Fingern, nicht mit Stäbchen. Sehr schön sehen frische Bananenblätter aus, mit denen man Teller und Platten auslegen kann. In Form schneiden und zum Sterilisieren die Blätter einfach in eine sehr heiße, trockene Pfanne pressen. So bekommen sie außerdem eine leuchtend grüne Farbe, und das austretende Wachs sorgt für brillanten Glanz.

Getränke Das traditionelle Getränk zu Thai-Speisen ist Jasmintee. Auch fruchtiger, leicht süßer Weißwein passt gut.

Serviervorschlag

Würzige Kürbissuppe mit Tamarinde Seite 53

Krabbenküchlein mit süßem Chili-Dip Seite 149

Thailändischer Thunfisch-Mango-Salat Seite 156

Limetteneiscreme Seite 89

Pappardelle mit Jakobsmuscheln, Safran und Avocado

Es bleibt Ihnen überlassen, ob Sie die Jakobsmuscheln mit dem Rogen (Corail) zubereiten. Die meisten »Pescetarier«, die ich kenne, bevorzugen sie ohne. Dieses leicht gewürzte Sommergericht habe ich zum ersten Mal im Strandhaus eines Freundes in Dorset zubereitet. Die Muscheln kauften wir direkt von einem Taucher an dessen Boot. Pappardelle nehmen die Sauce besonders gut auf, aber andere lange Pasta eignet sich ebenso.

Zutaten

Als Hauptgericht für 4 Personen, als Vorspeise für 6 Personen

12 ausgelöste Jakobsmuscheln, gesäubert und abgespült
Sonnenblumenöl
Salz und frisch gemahlener schwarzer Pfeffer
2 EL Butter (etwa 25 g)
4 Schalotten, fein gehackt
1 rote Paprikaschote, von Stielansatz, Samen und Scheidewänden befreit, klein gewürfelt
1 mittelgroßer Zucchino, klein gewürfelt
1/4 TL Safranfäden, in 2 TL heißem Wasser eingeweicht
300 ml Crème fraîche oder saure Sahne
200 g Pappardelle
1 große, reife Avocado, geschält, entsteint und gehackt, mit dem Saft von 1 Limette beträufelt

Zubereitung

♦ Die abgetropften Muscheln in eine Schüssel legen und gerade eben mit Sonnenblumenöl bedecken. Leicht mit Salz und schwarzem Pfeffer würzen und im Kühlschrank kalt stellen.
♦ Für die Pasta in einem großen Topf kräftig gesalzenes Wasser zum Kochen bringen.
♦ In der Zwischenzeit die Butter in einem großen Topf bei schwacher Hitze zerlassen. Schalotten, Paprika und Zucchino darin unter regelmäßigem Rühren braten, bis die Schalotten goldgelb und weich sind. Das Safranwasser hinzufügen und die Crème fraîche oder saure Sahne unterrühren. Mit Salz und schwarzem Pfeffer würzen. Vom Herd nehmen und zugedeckt beiseite stellen.
♦ Die Pasta in dem sprudelnd kochenden Wasser in 6–8 Minuten al dente kochen. Eine Grillpfanne mit Rillen sehr heiß werden lassen. Nach 4 Minuten Garzeit der Pasta die Muscheln in der Pfanne von beiden Seiten je 90 Sekunden grillen, herausnehmen. Die Pasta abseihen, abtropfen lassen und zurück in den Topf geben. Die Safransauce und die Avocadowürfel gleichmäßig unter die Pasta mischen. Auf 4 vorgewärmte Teller verteilen und die Muscheln darauf anrichten. Sofort servieren.

Vorbereiten

Dieses Gericht bereitet man am besten erst kurz vor dem Servieren zu.

Tipp!

Kaufen Sie Jakobsmuscheln, die von Tauchern gefangen wurden, denn Schleppnetze zerstören den Meeresboden. Obwohl ich meine Muscheln direkt beim Taucher gekauft hatte, ließ ich sie von einem Fischhändler fachgerecht auslösen.

Thailändischer Thunfisch-Mango-Salat

Frischer Thunfisch zählt zu den fleischigsten Fischen, und ich frage meine Gäste stets, wie ich ihren Thunfisch zubereiten soll – als handele es sich um ein Steak. Die meisten Thunfischliebhaber mögen das Fleisch rosa, da zu lange gegarter Thunfisch zäh werden kann. Beim Einkauf sollten Sie darauf Wert legen, dass beim Fang auf den Schutz von Delphinen geachtet wurde und dass es sich nicht um den Roten Thun, eine bedrohte Art, handelt. Empfehlenswert sind Weißer Thun und Gelbflossen-Thun.

Zutaten

Für 4 Personen

Für den Salat:

125 g Eiernudeln
1 EL Sonnenblumenöl
500 g frisches Thunfischsteak, gewürfelt
1 mittelgroße Mango, geschält, entsteint, in Streifen geschnitten
1 rote Paprikaschote, von Stielansatz, Samen und Scheidewänden befreit, in dünne Streifen geschnitten
1 kleine rote Zwiebel, in dünne Scheiben geschnitten
1 große Hand voll frische Minzeblätter
1 große Hand voll frisches Koriandergrün, nur die Blätter

Für das Dressing:

1 Knoblauchzehe, fein gehackt
1 frische rote Chilischote, fein gehackt
4 EL helle Sojasauce
2 EL thailändische Fischsauce oder 2 weitere EL helle Sojasauce
4 EL frisch gepresster Limettensaft
2 EL dunkelbrauner Zucker

Zubereitung

♦ Die Nudeln in 5 Minuten (oder nach Packungsanweisung) al dente kochen. Abseihen und unter fließendes kaltes Wasser stellen, bis sie kalt sind. Abtropfen lassen und in eine große Schüssel füllen.

♦ Die Zutaten für das Dressing mit dem Schneebesen gründlich vermischen oder im Mixer verrühren.

♦ Das Öl in einer beschichteten Pfanne sehr heiß werden lassen. Den Thunfisch hineingeben und von allen Seiten nur wenige Sekunden oder nach Belieben braten.

♦ Die Hälfte des Dressings über die Nudeln gießen und gleichmäßig untermischen. Auf 4 Teller verteilen. Den Thunfisch in die leere Nudelschüssel geben und mit den übrigen Zutaten und dem restlichen Dressing vermischen, bis alles gut damit überzogen ist. Auf den Nudeln anrichten und servieren.

Register

Für Dad

Danksagung

Von ganzem Herzen danke ich dem dynamischen Team Vanessa, Jan und Nicky. Mein großer Dank gilt Stuart Cooper, der die Zügel fest in der Hand hatte und die ganze Zeit an mich glaubte, sowie Lizzy Gray mit ihrem Sinn fürs Wesentliche und für ihre enorme Geduld. Mit all meiner Liebe danke ich außerdem den vielen Menschen, die mir halfen, dieses Buch so einheitlich zu gestalten:
Christiane Kubrick, Anya und Jonathan, Amy, Beth und Mom für ihre unermüdliche Untersützung
Suku, Emma, Andrew, Calum, Annette
Cathy Lowis
Tamsin und sämtlichen Assistenten von Jan
Vanessas Luke und Rosie sowie Mandys Rebecca und Tilley, der Katze
Jennifer Joyce, Victoria Blashford-Snell
Lindsay Wilson
Den Versuchsköchen Ben, Kate, Paulie, Ying, Jill, Matt, Roland, Selene, James, Jessica und Little Sorrel, Rupert, Jeanne und meinem wunderbaren Dan
Rosie Kindersley und Eric Treuille sowie dem gesamten Team von Books for Cooks
Mein Dank gilt außerdem: Linda von Ceramica Blue — www.ceramicablue.co.uk; Camilla Schneideman von Divertimenti — www.divertimenti.co.uk; SCP — www.scp.co.uk; Little Book of Furniture — www.littlebookoffurniture.com; Aria — www.ariashop.co.uk; Patricia Michaelson von La Fromagerie — www.lafromagerie.co.uk; John Lewis Partnership; Renata von Giaccobazzi's; Fischhändler Steve Hatt, Essex Road, London N1; James Elliot, Essex Road, London N1.

Unser Verlagsprogramm finden Sie unter www.christian-verlag.de

Übersetzung aus dem Englischen: Natascha Afanassjew
Textredaktion: Inken Kloppenburg Verlags-Service, München
Korrektur: Petra Tröger
Satz: satz & repro Grieb, München
Umschlaggestaltung: Studio für Illustration und Fotografie, Sascha Wuillemet, München

2., überarbeitete Auflage 2011
Sonderausgabe

Die Originalausgabe mit dem Titel *Entertaining Vegetarians* wurde erstmals 2002 im Verlag Pavilion Books, einem Imprint von Anova Books Ltd, London, veröffentlicht.

Die Deutsche Nationalbibliothek verzeichnet diese Publikation in der Deutschen Nationalbibliografie; detaillierte bibliografische Daten sind im Internet über http://dnb.d-nb.de abrufbar.

Printed in Slovenia by Korotan Ljubljana d. o. o.

ISBN 978-3-86244-107-5

Christian Verlag
Postfach 400209
80702 München
E-Mail: lektorat@verlagshaus.de